Hans Peter Thiel

Mein erstes Kinder Lexikon des Wissens

Mit Bildern von Johann Brandstetter
und Ingeborg Brenner

EDITION BÜCHERBÄR

Hans Peter Thiel
ist 1939 in Würzburg geboren. Er studierte Zeitungswissenschaft, Geschichte und Germanistik und war zunächst als Journalist tätig.
Nach einigen Jahren als Sachbuch- und Schulbuchredakteur wurde er freier Schriftsteller und lebt heute in Tutzing am Starnberger See. 1993 erhielt er für seine Verdienste um die Entwicklung und Gestaltung von Kinderlexika den Großen Preis der Deutschen Akademie für Kinder- und Jugendliteratur.

Johann Brandstetter
ist 1959 in Altötting geboren. Nach einer Ausbildung in klassischer Malerei und Restauration arbeitete er als Restaurator und Freskenmaler.
Mehrere Reisen nach Zentralafrika führten ihn zur Naturmalerei.
In den letzten Jahren wandte er sich verstärkt der Illustration von Kinderbüchern zu.

Ingeborg Brenner
ist 1948 in Gundelsheim/Neckar geboren. Nach dem Studium der Erziehungswissenschaft, Psychologie und Soziologie qualifizierte sie sich in den Bereichen bildende Kunst, Tanz und Theaterpädagogik.
Sie arbeitet heute als Kunst- und Medienpädagogin.
Seit 1995 ist sie als freie Künstlerin und Illustratorin tätig.

1. Auflage 2000

Redaktion: Irmingard Seidel-Reisner, Agentur für Kindermedien, München
Einband: Agentur Hummel + Lang, Würzburg
Illustrationen: Johann Brandstetter, Ingeborg Brenner
Satz und Umbruch: daten & dienstleistung, München
Lithografie: ISM, München
Gesamtherstellung: Westermann Druck Zwickau GmbH
ISBN 3-401-07626-4

Dieses Buch ist dein erstes Lexikon

Ein Lexikon ist ein Buch, in dem vieles steht. Vieles, was du gerne wissen möchtest – sicher auch manches, was du schon weißt. Wenn du etwas ganz genau wissen willst, kannst du in deinem Lexikon nachschlagen.

Du wirst in deinem Lexikon zuerst blättern, dir die Bilder ansehen und schmökern. Dann wirst du die Erklärungen lesen. Die Antworten zu manchen Fragen im Text findest du auf der letzten Seite.

Alle Begriffe in dem Lexikon sind nach dem Abc geordnet. Affe steht unter dem Buchstaben **A**, Baby steht unter dem Buchstaben **B** und Computer unter dem Buchstaben **C**.
Am Rand einer jeden Seite gibt es eine Alphabetleiste von A bis Z. Die einzelnen Buchstaben haben jeweils eine eigene Farbe – alle Stichwörter mit **A** sind rot, alle Begriffe mit **B** sind grün und so weiter.

Du wirst mit deinem Nachschlagebuch bestimmt bald sicher umgehen können und schnell alles finden, was du suchst.

Und nun viel Spaß beim Suchen, Entdecken und Verstehen!

Adler

Der Adler ist unser größter Greifvogel. Er lebt im Gebirge. Dort fliegt er um die höchsten Bergspitzen. Mit seinen scharfen Augen sieht der Adler alles. Manchmal erspäht er eine Maus oder einen Hasen. Dann legt er die Flügel an und stürzt sich in die Tiefe. Mit den vorgestreckten Fängen packt er die Beute und tötet sie. Dann bringt er sie in sein Nest, den Horst. Dort warten schon die hungrigen Adlerjungen. Adler haben meist nur ein bis zwei Junge.

Adventskalender

Der Adventskalender macht uns Vorfreude auf Weihnachten. Er zeigt an, wie viele Tage noch vergehen müssen, bis das Christkind kommt. Dafür hat er 24 Fensterchen. Jeden Tag darfst du ein Fenster öffnen. Dahinter verbirgt sich eine Überraschung. Manche Kinder haben einen Adventskalender mit 24 Säckchen. In jedem Säckchen steckt ein kleines Geschenk.

Pavian

Affe

Der Affe ist dem Menschen ähnlich. Es ist lustig, Affen zu beobachten. Sie benehmen sich in vielem wie wir. Affen weinen und lachen. Sie schreien, klatschen in die Hände oder schlagen Purzelbäume. Sie gehen auf zwei Beinen oder auf allen vieren. Geschickt klettern sie auf den Bäumen. Dazu benutzen manche Affen ihren langen Greifschwanz. Die Brüllaffen hängen an ihren Schwänzen von den Bäumen herab.

Brüllaffe

Große Menschenaffen wie die Gorillas oder die Schimpansen haben keinen Schwanz. Schimpansen sind sehr klug. Sie leben in Afrika und bleiben tagsüber am Boden. Für die Nacht bauen sie sich ein Nest auf einem Baum und legen sich darin schlafen.

Die Paviane erkennst du an ihrem roten Hinterteil. Sie bilden Gruppen von über hundert Tieren. Die Affenhorde hat einen Oberaffen. Es ist ein Männchen, dem alle gehorchen. Welcher Affe ist am größten? Das ist der Gorilla. Er wird so groß wie ein Mensch und doppelt so schwer. Am kleinsten ist das Seidenäffchen. Es wird kaum größer als ein Hamster.

Schimpanse

Ameise

Die Ameise ist ein kleines Insekt. Viele Ameisen bilden zusammen einen Staat. Sie bauen einen Ameisenhaufen mit vielen Gängen. Jede Ameise hat ihre Aufgabe. Die Weibchen sind die Arbeiterinnen. Sie bauen das Nest für die Larven. Sie schleppen die Eier umher und bringen die Nahrung für die Brut herbei. Wenn Feinde ins Nest eindringen, spritzen sie Gift. Die Ameisenköniginnen legen nur Eier. Zuvor wachsen ihnen Flügel. Sie unternehmen mit den geflügelten Männchen einen Hochzeitsflug. Danach sterben die Männchen.

Die Königinnen kehren in das Nest zurück. Sie sorgen bis zu zwanzig Jahre lang für immer neue Ameisen. Rate mal, wie viele Ameisen in einem Nest leben? Es sind oft über hunderttausend.

Amsel

Die Amsel siehst du in Gärten und Parks. Sie ist ein Singvogel, der sehr schön singt. Das Männchen ist schwarz und hat einen gelben Schnabel. Das Weibchen ist braun. Es fällt kaum auf, wenn es seine Eier im Nest ausbrütet. Die Amsel legt dreimal im Jahr vier bis sechs Eier. Wenn die Jungen ausgeschlüpft sind, haben die Eltern viel zu tun. Sie füttern drei Wochen lang gemeinsam die Brut.

Ananas

Die Ananas gedeiht in heißen Ländern. Die Frucht sieht aus wie ein dicker Tannenzapfen. Sie wächst an einem Stiel zwischen langen spitzen Blättern. Oben trägt sie kleine Blätter wie einen Schopf. Die Ananas hat eine harte Schale mit Stacheln. Darunter liegt das saftige Fruchtfleisch. Eine große Ananas wiegt bis zu fünf Kilo.

Apfel

Der Apfel wird im Herbst reif. Du kannst ihn mit der Schale essen. Im saftigen Fruchtfleisch liegt das Kerngehäuse. Wenn du einen Apfelkern in den Boden steckst, wächst daraus vielleicht ein Baum. Es gibt einige tausend Apfelsorten.

Apotheke

Die Apotheke ist ein Laden, in dem Arzneien verkauft werden. Wenn du Tabletten einnehmen sollst, schreibt dir der Arzt ein Rezept. Darauf steht, welches Medikament du brauchst. Der Apotheker liest das Rezept und gibt dir das Medikament. Früher haben Apotheker die Arzneien selbst hergestellt. Auf den Rezepten standen alle Zutaten wie in einem Kochrezept.

Arzt

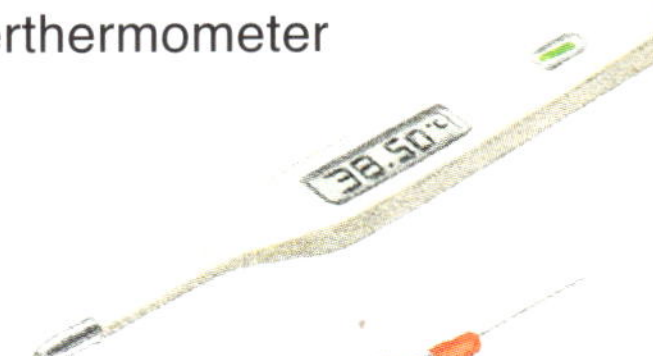
Fieberthermometer

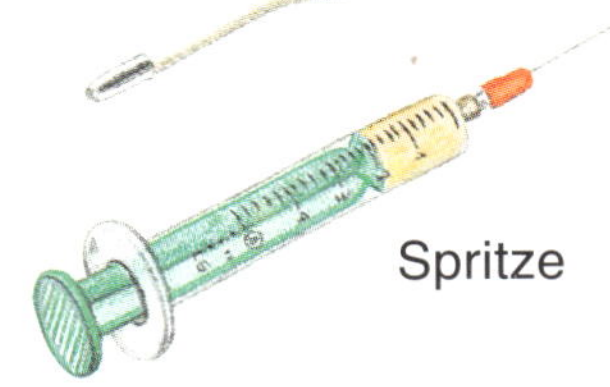
Spritze

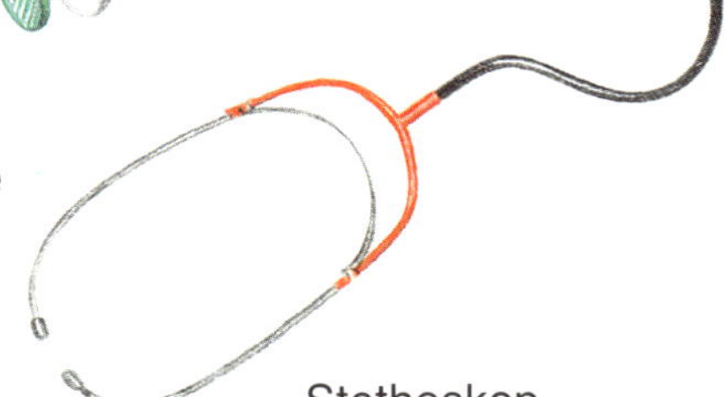
Stethoskop

Die Ärztin und der Arzt machen Kranke wieder gesund. Wer nicht schwer krank ist, geht zum Arzt in die Sprechstunde. Der Arzt fragt den Patienten erst, wo es wehtut. Dann schaut er nach, ob Hals oder Ohren entzündet sind. Mit einem Hörrohr, dem Stethoskop, hört der Arzt die Herztöne ab. Er hört damit auch, ob die Lunge Geräusche beim Atmen macht. Manchmal misst der Arzt den Blutdruck mit dem Blutdruckmessgerät.

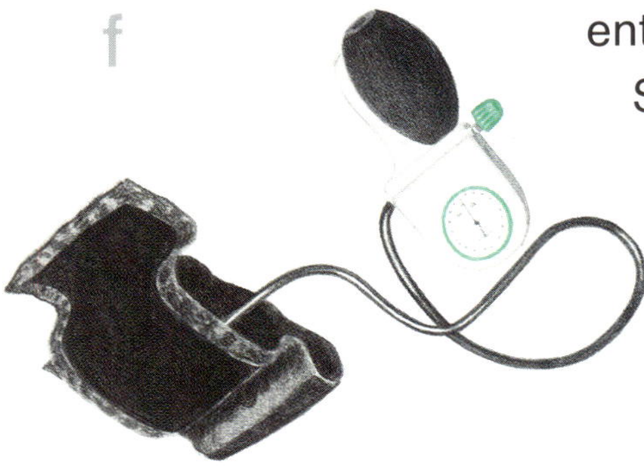
Blutdruck-
messgerät

Bei vielen Krankheiten bekommst du Fieber. Dann musst du im Bett bleiben und der Arzt kommt zu dir nach Hause. Damit du schneller gesund wirst, verschreibt dir der Arzt ein Medikament.

Dein Hausarzt kann nicht alle Krankheiten heilen. Wenn du Schmerzen in den Ohren hast, musst du zum Hals-Nasen-Ohren-Arzt. Und wenn du eine Brille brauchst, untersucht dich der Augenarzt.

Auge

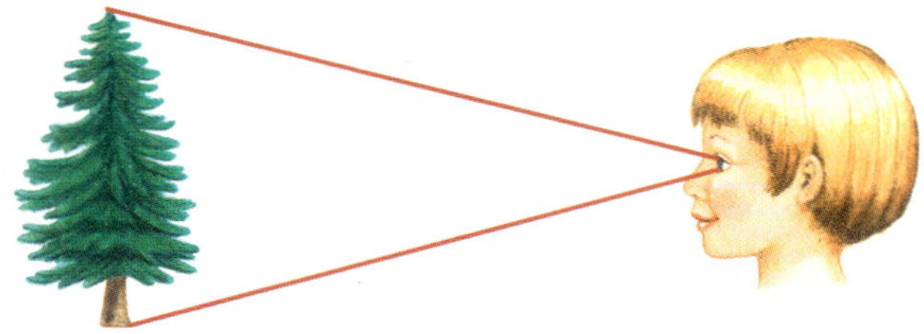

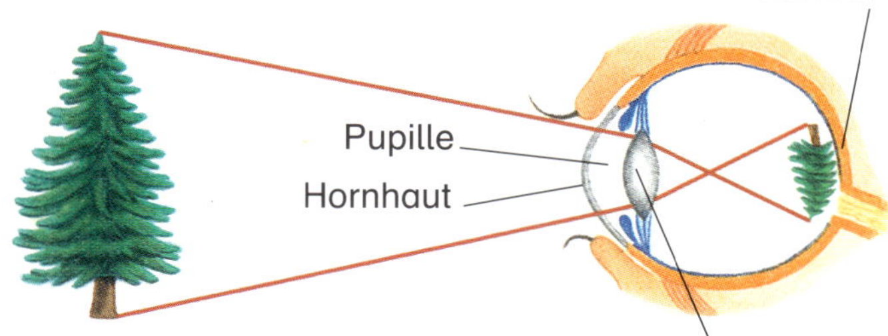

Das Auge arbeitet wie ein Fotoapparat. Von einem Baum fallen Lichtstrahlen durch die Linse. Sie bildet den Baum auf dem Film ab. Das Bild ist seitenverkehrt und steht auf dem Kopf. Wenn der Film entwickelt ist, siehst du das Bild auf dem Foto richtig.

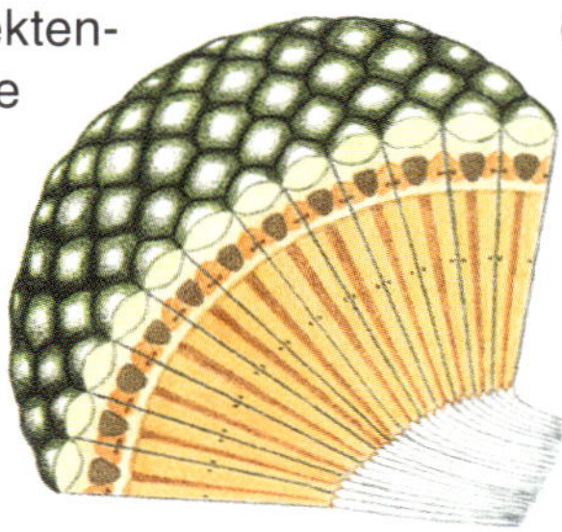

Beim Auge fällt das Licht durch die Pupille und die Linse auf die Netzhaut. Unser Gehirn dreht das Bild um. Dadurch entsteht der richtige Sinneseindruck. Wusstest du, dass Insektenaugen ein Bild aus vielen kleinen Ausschnitten zusammensetzen?

Auto

Das Auto fährt mit Benzin oder Dieselöl. Der Kraftstoff wird von einer Pumpe aus dem Tank gesaugt. Im Motor wird das Benzin mit Luft vermischt und durch einen Funken der Zündkerzen gezündet. Das Gemisch explodiert im Zylinder und bewegt die Kolben. Diese Bewegung wird auf die Räder übertragen und das Auto fährt. Es gibt auch noch andere Fahrzeuge mit einem Verbrennungsmotor – zum Beispiel ein Motorrad. Die Fahrt im Auto ist aber bequemer: Du sitzt im Trockenen und kannst dabei spielen oder Kassetten hören.

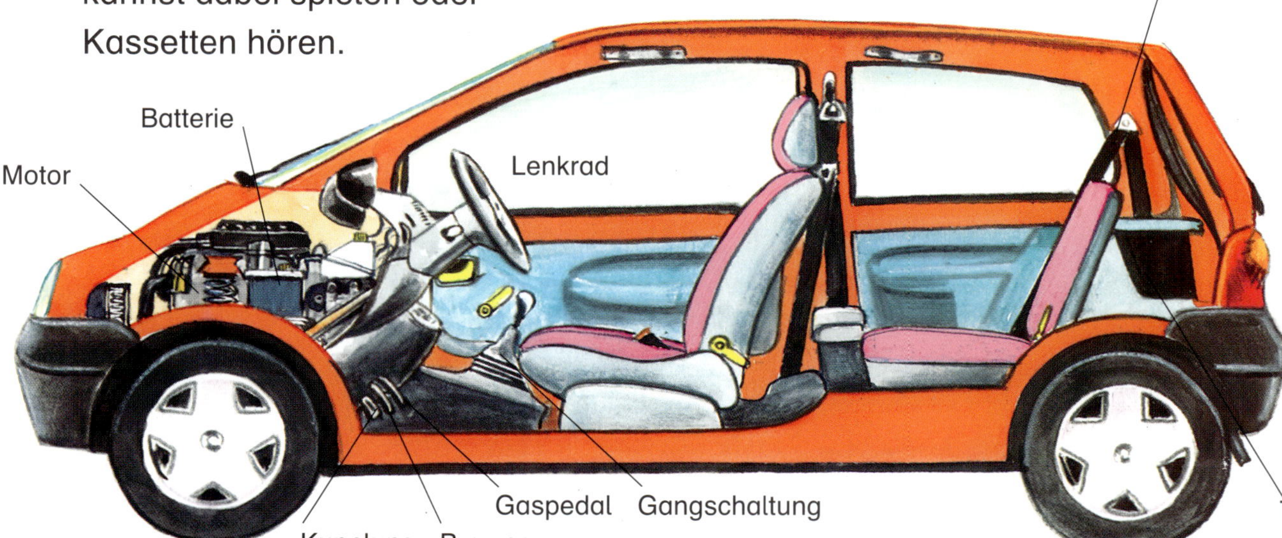

a
B b
c
d
j
k
l
m
n
o
p
q
r
s
t
u
v
w
x
y
z

Baby

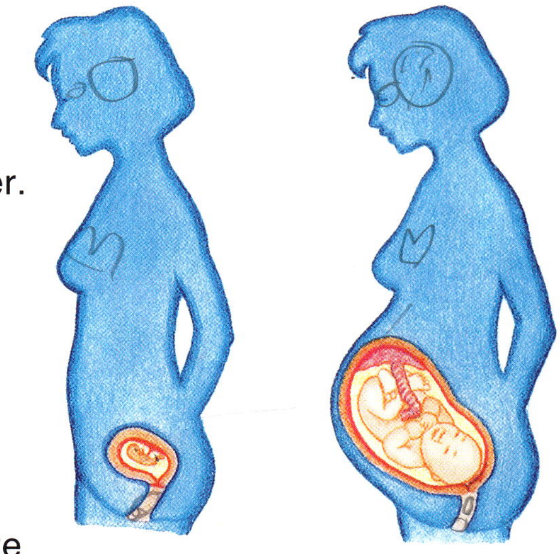

Das Baby lebt neun Monate im Bauch der Mutter. Dort wächst es geschützt heran. Durch die Nabelschnur wird es ernährt. Manchmal spürt die Mutter seine Bewegungen. Nach der Geburt ist das Baby völlig hilflos. Es schläft fast immer. Wenn es Hunger hat, gibt ihm die Mutter die Brust. Das Baby saugt an der Brustwarze die Muttermilch. Weil es dann sofort ruhig ist, sagt man, das Kind wird gestillt.

Bäckerei

Die Bäckerei liefert Brot und Brötchen, Hörnchen und Kuchen. Damit die Kunden jeden Morgen alle Backwaren frisch bekommen, muss der Bäcker in der Nacht aufstehen. Während wir noch schlafen, schiebt er schon das Brot in den Backofen. Heute werden auch im Supermarkt frische Brötchen angeboten. Sie sind tiefgekühlt und vorgeformt und werden nach Bedarf gebacken.

Bagger

Der Bagger hat eine große Schaufel. Damit hebt er zum Beispiel eine Grube für ein Haus aus. Früher mussten viele Arbeiter das Loch ausschaufeln. Manche Bagger haben Raupen statt Räder. Sie fahren damit in Sand oder auf weichem Boden, ohne einzusinken. Riesige Schaufelradbagger baggern die Braunkohle aus.

a
B b
c
d
e
f
g
h
i
j
k
l
m
n
t
u
v
w
x
y
z

Ballett

Das Ballett ist vor allem etwas für Mädchen. Aber auch Jungen gehen in die Ballettschule. Sie lernen dort besondere Tanzschritte und Bewegungen. Für den Tanz auf Zehenspitzen stopfen sie die Spitzen der Ballettschuhe aus. Balletttänzer tanzen auf einer Bühne. Sie erzählen mit ihrem Tanz Geschichten.

Banane

Die Banane wächst wild im feuchtheißen Urwald. Dort haben die Indianer die Frucht entdeckt. Als die Weißen aus Europa nach Amerika kamen, pflanzten sie Bananen auf großen Feldern an, den Plantagen. Bananenpflanzen werden sechs Meter hoch und haben riesige Blätter. Jede Fruchtstaude trägt bis zu 200 Bananen. Kurz bevor die Bananen ganz reif sind, werden sie geerntet und kommen in Kühlschiffen zu uns.

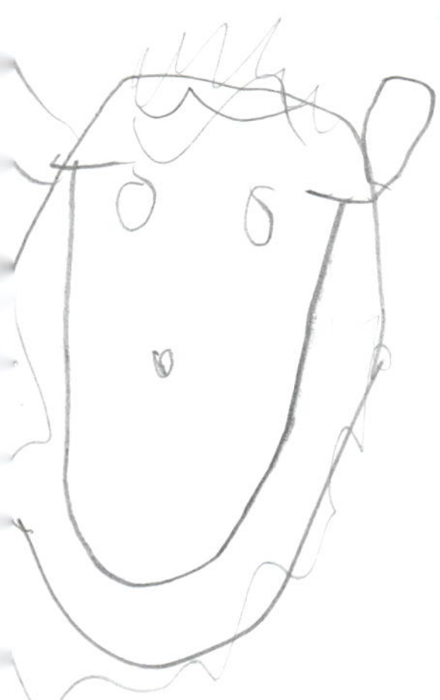

Bär

Der Bär ist ein gefährliches Raubtier. Deshalb haben die Menschen die Bären bei uns ausgerottet. Nur in wenigen abgelegenen Gebieten oder im Zoo begegnest du noch Bären. Im Norden Amerikas gibt es dagegen bis heute viele Bären. Dort lebt auch der stärkste Bär, der Grisli. Eisbären kommen nur am Nordpol vor.

Bauernhof

Der Bauernhof versorgt uns mit Nahrung. Die Bauersfamilie bestellt die Felder. Dazu benutzt sie Landmaschinen. Am wichtigsten ist der Traktor. Er zieht den Pflug. Damit wird der Acker umgegraben. Dann pflanzt der Bauer Kartoffeln, Getreide oder Rüben an.

Auf dem Bauernhof gibt es Kühe, Schweine, Hühner, Enten und Gänse. Sie liefern Milch, Fleisch und Eier.

Baum

Der Baum ist unsere größte Pflanze. Es gibt Laubbäume und Nadelbäume. Manche Bäume werden so hoch wie ein Kirchturm. Andere haben einen so dicken Stamm, dass ihn acht Leute kaum umfassen. So riesige Bäume sind oft älter als tausend Jahre. Alle Bäume haben Blätter, Blüten und Früchte. Auch der Tannenbaum hat Blätter. Sie sind schmal und lang wie Nadeln. Deshalb heißt er Nadelbaum. Seine Früchte sind die Tannenzapfen.

Buchecker

Buche

Tanne

Tannenzapfen

Johannisbeere

Beere

Die Beere wächst meist an einem Strauch. Ihre Samenkerne liegen im Fruchtfleisch verborgen. Du kennst sicher Himbeeren, Johannisbeeren und Stachelbeeren. Die meisten Kinder mögen besonders gern Erdbeeren. Auch Weintrauben sind Beerenfrüchte. Manche Beeren sind bitter oder giftig.

Himbeere

Erdbeere

Stachelbeere

Berg

Der Berg ragt aus der Landschaft heraus. Viele Berge bilden zusammen ein Gebirge wie die Alpen. Einige Alpengipfel sind über 4000 Meter hoch. Wenn du im Gebirge eine Bergwanderung machst, führt dein Weg von Wiesen über Laub- und Nadelwälder bis in Fels und Eis. Je höher du aufsteigst, umso kälter wird es. Weiter oben wachsen immer weniger und niedrigere Pflanzen. Auf dem Gipfel eines hohen Berges liegt im Sommer Schnee.

Biene

Bienenkorb

Die Biene ist unser kleinstes Haustier. Sie ist ein Insekt wie die Fliege oder der Käfer. Der Mensch hat sie zum Nutztier gemacht. Bienen liefern den süßen Honig. Und sie bestäuben die Blüten der Obstbäume. In einem Bienenkorb leben manchmal über fünfzigtausend Bienen. Sie bilden einen Insektenstaat.

Honigwabe

Drohne Königin Arbeiterin

Die Königin ist die Mutter des ganzen Bienenvolkes. Sie ist größer als alle anderen Bienen und legt bis zu 3000 Eier am Tag. Aus den Eiern schlüpfen Larven. Die meisten entwickeln sich zu Weibchen, die keine Eier legen. Diese Arbeiterinnen sammeln den Nektar für den Honig. Damit füttern sie die Larven. Sie stellen auch das Wachs für die Waben her. Die Bienenmännchen oder Drohnen arbeiten nicht. Sie befruchten nur eine neue Königin, damit diese Eier legt. Danach sterben die Drohnen bald. Die alte Königin verlässt nun den Bienenkorb. Sie fliegt mit einem Schwarm von Arbeiterinnen davon.

Birne

Die Birne zählt zum Kernobst wie der Apfel. Wenn du sie durchschneidest, siehst du die Kerne. Das sind die Samen der Birne. Daraus kann ein neuer Birnbaum wachsen. Es gibt über hundert Sorten von Birnen. Sie sind saftig und schmecken süß.

Blume

Die Blume hat schöne Blüten. Deshalb schmücken die Menschen Gärten und Häuser mit Blumen. Wildblumen haben kleine Blüten. Daraus hat man Blumen mit großen Blüten gezüchtet. Du kennst sicher die einfache Heckenrose. Von ihr stammen die Rosen mit den großen duftenden Blüten ab. Die meisten bunten Blumen wachsen auf der Wiese.

Wiesensalbei

Herbstzeitlose

Heckenrose

Gartenrose

Blut

Das Blut versorgt alle Teile des Körpers mit Sauerstoff. Unter dem Mikroskop siehst du seine Bestandteile. Die rote Farbe hat das Blut von den roten Blutkörperchen. Sie transportieren den Sauerstoff. Die weißen Blutkörperchen vernichten Krankheitskeime. Die Blutplättchen lassen das Blut gerinnen. Dadurch bildet sich ein Schorf auf jeder Wunde und verschließt sie.

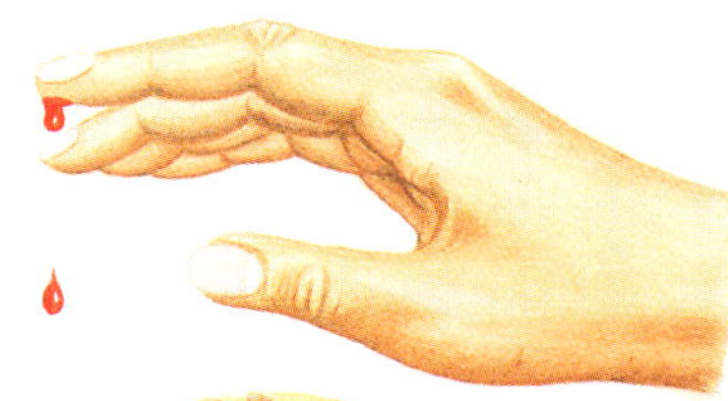

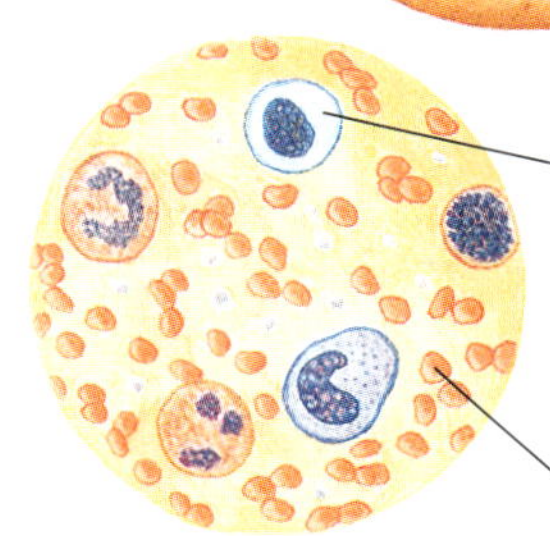
weißes Blutkörperchen

rotes Blutkörperchen

Brief

Der Brief an deine Oma braucht eine Briefmarke und die Adresse. Dann wirfst du ihn in den Briefkasten. Alle Briefe werden auf den Poststellen gesammelt und sortiert. Lastwagen und Flugzeuge bringen sie zu ihrem Bestimmungsort. Dort werden die Briefe nach Straßen und Hausnummern aufgeteilt. Der Briefträger stellt sie dann am nächsten Morgen den Empfängern zu. Und wer ist der Empfänger deines Briefes?

a
Bb
c
d
e
f
g
h
i
j
k
l
m
n
o
p

Brille

Die Brille hilft, besser zu sehen. Manche Menschen erkennen in der Ferne alles undeutlich. Sie sind kurzsichtig. Andere sehen in die Ferne scharf, haben aber Mühe beim Lesen. Sie sind weitsichtig. Brillen gleichen die Sehfehler aus. Sie wirken wie ein Fernrohr oder wie eine Lupe. Manche Kinder brauchen eine Schielbrille. Hier ist ein Brillenglas zugeklebt, damit sich das schielende Auge einrichtet. Wir tragen Brillen auch zum Schutz der Augen: Eine Sonnenbrille schützt vor Sonnenstrahlen. Eine Schweißerbrille schützt vor Funken. Mit einer Taucherbrille siehst du auch unter Wasser.

Taucherbrille

Schweißerbrille

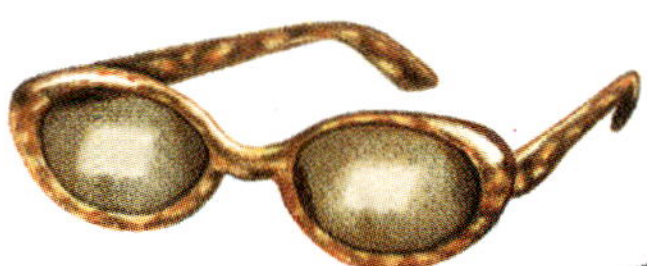

Sonnenbrille

Lupe

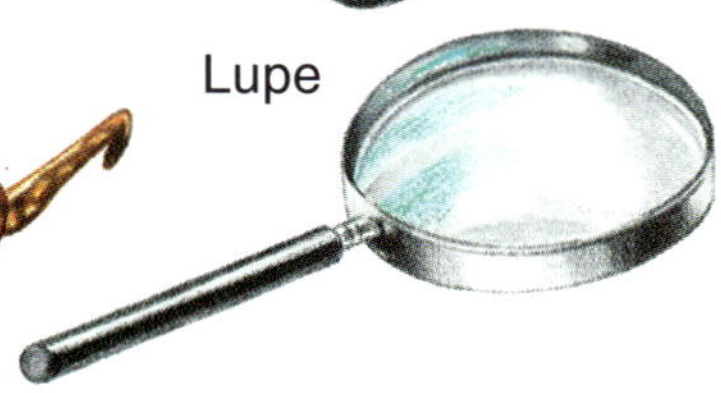

Brücke

Die Brücke führt über einen Fluss oder einen See. Sie überbrückt aber auch ein tiefes Tal. Ohne Brücken würden Eisenbahnschienen oder Straßen oft nicht weiterführen. Brücken ersparen Umwege. Die ersten Brücken waren aus Holz. Später gab es Brücken aus Stein oder aus Beton. Hängebrücken haben hohe Pfeiler. Daran hängt die Brücke an Seilen aus Stahl.

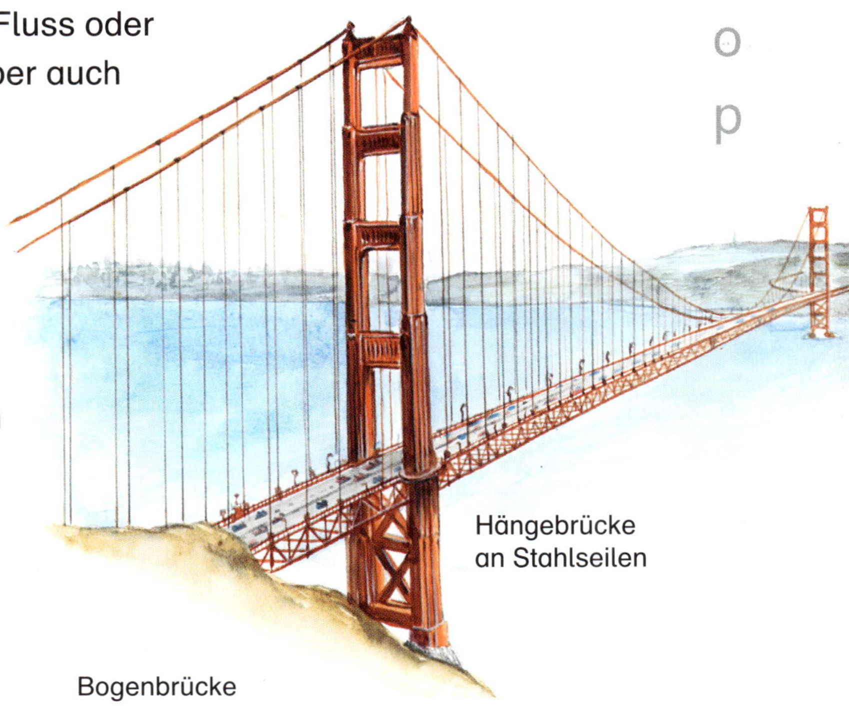

Hängebrücke an Stahlseilen

Bogenbrücke

a
B b
c
d
e
f
g
h
i
j
k
l
m
n
o
p
q

Bücherei

Die Bücherei heißt auch Bibliothek. Dort leihst du Bücher aus, aber auch Tonkassetten, CDs oder Videos. Um etwas aus einer Bücherei zu entleihen, brauchst du einen Bibliotheksausweis. Darauf stehen dein Name und die Benutzernummer. Entliehene Bücher oder Kassetten musst du nach einer bestimmten Zeit zurückbringen. Die Ausleihe kostet meist nichts.

Bus

Der Bus ist ein öffentliches Verkehrsmittel. Er befördert Fahrgäste von einem Ort zum anderen. Auf der Strecke gibt es viele Haltestellen. Dort steigen die Leute ein und aus. Viele Kinder fahren täglich mit dem Bus zur Schule. Den Schulbus dürfen nur Schulkinder benutzen.

Moderne Reisebusse bringen Urlauber an ihre Ferienorte. Solche Busse sind sehr bequem. Sie haben eine Klimaanlage, damit es nicht zu heiß wird im Bus. Es gibt eine Küche und eine Toilette. Und man kann während der Fahrt sogar fernsehen.

Campingplatz

Der Campingplatz ist ein Gelände, auf dem Zelte und Wohnwagen stehen. Vielen Kindern macht es Spaß, mit den Eltern zu campen. Die Familie fährt dann mit dem Wohnwagen oder mit dem Zelt auf einen Campingplatz. Dort kannst du den ganzen Tag in Badesachen herumlaufen und mit anderen Kindern herumtoben.

Auf vielen Campingplätzen gibt es für die Wohnwagen einen Anschluss für elektrischen Strom. Man hat Licht, kann Radio hören und fernsehen. Es gibt Wasserleitungen, Toiletten und warme Duschen. Große Campingplätze haben sogar einen eigenen Supermarkt und eine Gaststätte.

a b C c d e f g h i j k l m n o p q r s t u v w x y z

Computer

Der Computer kann ungeheuer schnell rechnen. Computer können auf Befehl schreiben, malen oder Musik machen. Sie steuern Eisenbahnen, Flugzeuge und Schiffe. Computer spielen Schach und können sogar sprechen. Doch es sind nur Maschinen, die der Mensch erfunden hat. Damit sie arbeiten, brauchen sie ein Programm.

Ein Personalcomputer oder PC besteht aus dem Rechner mit dem Datenspeicher, dem Bildschirm und der Tastatur. Damit er funktioniert, musst du ihm Befehle über die Tastatur oder mit der Maus eingeben. Selbst denken kann ein Computer nicht.

Im Internet sind Computer über Telefonleitungen miteinander verbunden. Du kannst so mit deiner Freundin in Amerika elektronische Briefe austauschen. Das sind E-Mails. Oder du holst dir Bilder und Informationen aus aller Welt auf deinen Bildschirm. Dazu musst du nur in das Internet klicken.

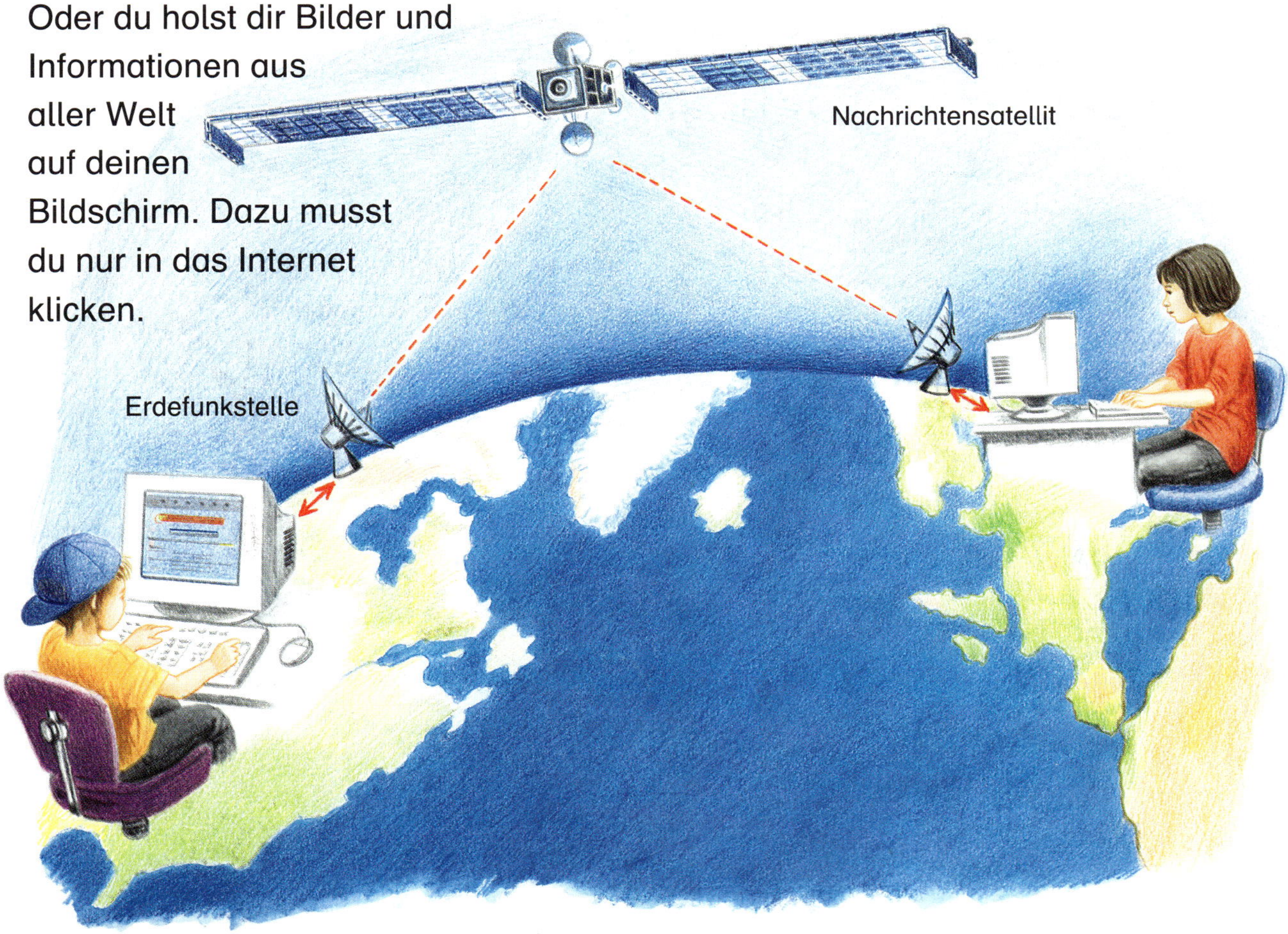

Container

Der Container ist ein großer Behälter. Du kennst sicher die Abfallcontainer. Dort wirft man Flaschen, Dosen oder Papier ein. In noch viel größeren Containern aus Stahl werden Waren befördert, zum Beispiel Maschinen oder auch Bananen. Sattelschlepper fahren die Container in den Hafen. Dort werden sie mit Kränen auf Schiffe verladen.

Cowboy

Der Cowboy ist ein Rinderhirt. Cowboys gibt es in Amerika. Dort sind die Rinderherden riesig groß. Cowboys auf Pferden trieben früher die Herden zusammen. Sie fingen auch entlaufene Rinder mit dem Lasso ein. Heute gibt es kaum noch berittene Cowboys. Viele fahren mit dem Jeep auf den Viehfarmen umher oder überwachen den Viehtrieb vom Flugzeug aus. Sie tragen aber noch immer den breiten Cowboyhut und Cowboystiefel.

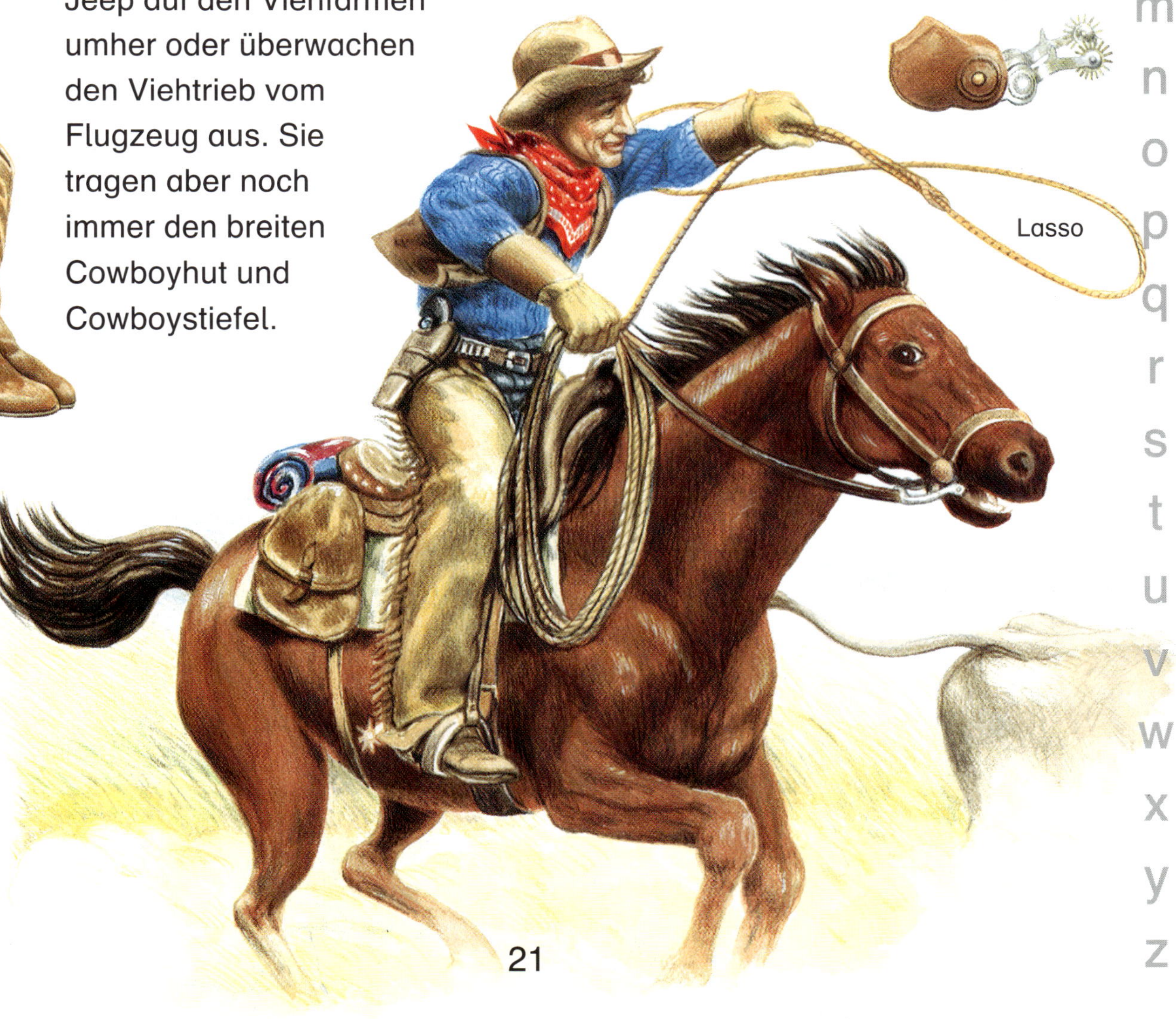

Dachs

Der Dachs ist ein scheues Waldtier. Den Tag verschläft der Dachs in seinem Bau. Wenn es dunkel wird, geht er auf Nahrungssuche. Dachse fressen alles, was sie finden: Regenwürmer, Schnecken und Eidechsen, Beeren und Pilze. Den Sommer über frisst der Dachs sich dick und rund. Im Winter kommt er kaum aus seiner Höhle. Dann zehrt er von seinem Fett. Im Frühjahr ist ihm sein Fell viel zu weit.

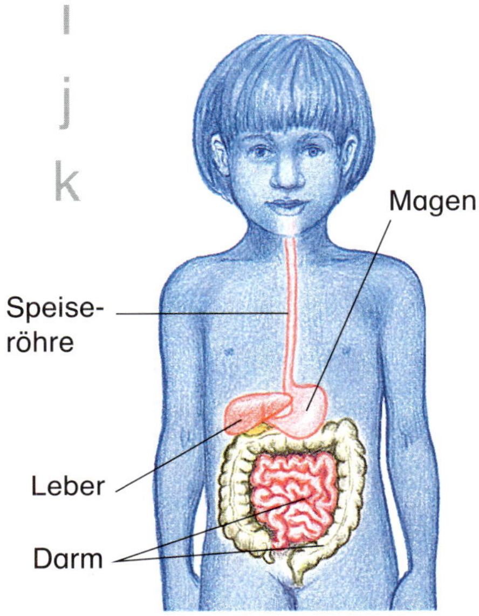

Darm

Der Darm ist ein fünf Meter langer Schlauch. Damit er in den Bauch passt, ist er in Schlingen gelegt. Was wir essen, gelangt durch den Magen in den Darm. Dort werden der Nahrung die Nährstoffe entzogen. Sie wandern dann ins Blut. Die Leber macht Giftstoffe unschädlich. Der unverdauliche Rest der Nahrung wird durch den After im Po ausgeschieden.

Delfin

Der Delfin sieht aus wie ein Fisch und ist doch ein Säugetier. Die Delfine leben im Meer. Zum Luftholen müssen sie auftauchen. Sie bringen lebende Junge zur Welt. Diese schwimmen unter die Mutter und trinken Milch aus den Zitzen. Delfine sind sehr verspielt und springen hoch aus dem Wasser. Sie haben eine eigene Sprache aus Pfeiftönen und Klicklauten.

Denkmal

Das Denkmal heißt so, weil es zum Nachdenken anregen soll. Es ist meist eine Steinfigur auf einem Sockel. Auf einer Tafel darunter steht ein Text. Er erinnert an den Menschen auf dem Sockel. Das kann eine berühmte Dichterin oder ein berühmter Erfinder sein. Es gibt aber auch andere Denkmäler. Kennst du das Denkmal auf dem Bild? Es erinnert an das Märchen von den Bremer Stadtmusikanten.

Detektiv

Der Detektiv ist ständig Geheimnissen auf der Spur. Er verfolgt Verbrecher oder kundschaftet etwas aus. Jeder Detektiv will etwas aufspüren. Natürlich sollte ihn derjenige nicht erkennen, den er gerade beobachtet. Einen Detektiv erkennt aber jeder an seiner karierten Kleidung: Es ist Sherlock Holmes. Dieser englische Detektiv ist weltberühmt – obwohl er gar nicht gelebt hat. Aber es gibt viele Detektivgeschichten mit Sherlock Holmes.

Diamant

Rohdiamant

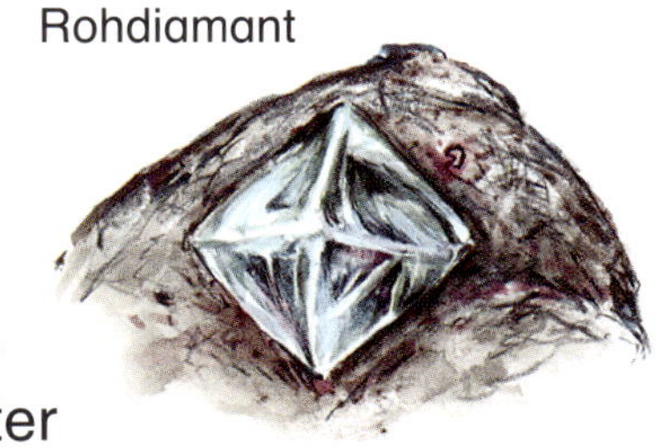

Der Diamant ist ein wertvoller Edelstein. Diamanten bestehen aus Kohlenstoff und sind glasklar. Sie werden in Bergwerken ausgegraben. Es gibt auf der ganzen Erde keinen Stein, der härter ist als ein Diamant. Deshalb benutzt man ihn zum Schleifen. Große Diamanten verarbeitet man zu Ringen und Schmuckstücken. Dazu werden sie geschliffen, bis sie funkeln.

geschliffener Diamant

Dinosaurier

Der Dinosaurier lebte vor hundert Millionen Jahren auf der Erde. Einige Dinosaurier sahen aus wie riesige Eidechsen. Manche wurden so hoch wie ein vierstöckiges Haus. Die meisten Dinosaurier waren friedliche Pflanzenfresser. Es gab aber auch gefährliche Raubechsen. Am schrecklichsten war der Tyrannosaurus. Er lief auf zwei Beinen und jagte die anderen Saurier. Seine spitzen Zähne waren so lang wie Messer und genauso scharf. Es gab auch Saurier im Wasser und auch in der Luft flogen Saurier umher.

Der Pteranodon
Er sah aus wie ein Drache und hatte eine Flügelspannweite von zehn Metern. Damit war er etwa so groß wie ein Segelflugzeug.

Der Tyrannosaurus
Er war der König der Saurier und wurde 15 Meter lang und 5 Meter hoch.

Drache

Der Drache ist ein Ungeheuer und kommt nur in Märchen und Sagen vor. Drachen sehen aus wie riesige Eidechsen mit scharfen Krallen und Zähnen. Sie tragen Hautflügel wie eine Fledermaus. Manche Drachen haben mehrere Köpfe und speien aus jedem Maul Feuer. Sie bewachen einen Goldschatz oder halten eine schöne Prinzessin gefangen. Manchmal kommt ein tapferer Ritter und versucht den Drachen zu töten.

Drachen

Der Drachen besteht aus Holz und Papier oder Plastikfolie. Wenn der Wind stark bläst, kannst du einen Drachen steigen lassen. Er fliegt hoch in den Himmel. Du darfst die Schnur aber nicht loslassen, sonst fliegt dein Drachen davon.

Manche Drachen sind so groß, dass sie einen Menschen tragen können. Heute sieht man oft Drachengleiter am Himmel fliegen. Darin hängt in einem Gestell ein Drachenflieger und segelt im Wind durch die Lüfte.

Ei

Straußenei

Ei des Kolibris

Küken im Hühnerei

Das Ei steht am Anfang des Lebens. Alle Vögel schlüpfen aus Eiern. Welche anderen Tiere legen auch Eier? Vogeleier haben verschiedene Farben. Am größten ist das Straußenei. Es wiegt so viel wie 30 Hühnereier. Der Kolibri legt das kleinste Ei. Die Vögel brüten ihre Eier durch die Körperwärme aus. Wenn das Junge schlüpft, bricht es die Schale auf.

Eichhörnchen

Das Eichhörnchen lebt in einem Kobel. Das ist ein kugeliges Nest auf dem Baum. Hier zieht das Nagetier bis zu sieben Junge groß. Schon nach acht Wochen turnen die kleinen Eichhörnchen auf den Bäumen herum. Die großen Eichhörnchen springen weit von Ast zu Ast. Sie klettern geschwind Baumstämme hoch. Ständig sammeln sie Nahrung. Sie legen einen Vorrat an. Am liebsten fressen sie Vogeleier und Nüsse. Die Nüsse nehmen sie in die Pfoten und knacken sie geschickt mit den Zähnen auf.

Eidechse

Die Eidechse liebt die Sonne, denn sie wärmt das Blut des Kriechtiers. Im Sommer huschen die Eidechsen flink umher und fangen Insekten. Wenn es kalt wird, verkriechen sie sich. Sie werden träge, weil ihr Blut abkühlt. Manchmal werden sie von einem Verfolger geschnappt. Wenn er sie nur am Schwanz erwischt, haben sie Glück gehabt. Eidechsen können nämlich ein Stück ihres Schwanzes abwerfen. Im Winter werden Eidechsen steif wie ein Stock. Sie fallen in Winterstarre.

a b c d **E e** f g h i j k l m n o p q r

Einbrecher

Der Einbrecher dringt mit Gewalt in fremde Wohnungen ein. Mit einem Nachschlüssel öffnet er die Tür. Oder er schlägt ein Fenster ein. Dann sucht er nach wertvollen Gegenständen. Mit der Beute macht er sich aus dem Staub. Vor Einbrechern schützen feste Schlösser und Gitter an den Fenstern. Auch ein Wachhund hält Einbrecher ab. Bei Alarmanlagen heult eine Sirene auf, wenn eingebrochen wird. Dann kommt die Polizei und verhaftet den Einbrecher.

Eis

Das Eis entsteht bei großer Kälte. Dann frieren Seen und Flüsse zu und du kannst Schlittschuh laufen. Einige Teile der Erde sind das ganze Jahr über von Eis bedeckt, zum Beispiel der Nordpol und der Südpol. Dort brechen riesige Eisberge ab und treiben im Meer. Nur ein Stück vom Eisberg ragt aus dem Wasser. Das ist für Schiffe gefährlich.

Eisen

Das Eisen ist unser wichtigstes Metall. Um Eisen zu gewinnen, wird Eisenerz im Hochofen erhitzt und geschmolzen. Dann fließt das flüssige Roheisen heraus. Wenn es fest ist, hat man Eisen. Roheisen bricht leicht. Man macht daraus harten Stahl. Vor dreitausend Jahren schmolzen die Menschen schon Eisen aus Erz in einem Holzkohlenfeuer.

Eisenbahn

Die Eisenbahn rollt auf eisernen Schienen. Die Lokomotive zieht die Wagen. Früher wurden die Lokomotiven von Dampfmaschinen angetrieben. In einem Kessel erhitzte man Wasser zu Dampf. Der Dampf bewegte die Kolben der Dampfmaschine. Diese drehten die Räder. Hinter der Lokomotive gab es einen Kohlenwagen. Der Heizer musste ständig Kohlen ins Feuer unter dem Dampfkessel schaufeln. Sonst blieb der Zug stehen.

Heute ziehen Dieselloks oder Elektroloks die Züge. Die Lokomotiven haben starke Motoren. Dieselmotoren verbrennen Dieselöl. Elektrische Züge erhalten ihren Strom aus den Oberleitungen. Die modernen Züge fahren sehr schnell. Ein ICE erreicht eine Geschwindigkeit von 300 Kilometern pro Stunde. Das ist schneller, als eine Schwalbe fliegt. Züge, die weite Strecken fahren, haben einen Speisewagen. Und nachts kann man im Schlafwagen in einem richtigen Bett schlafen.

a
b
c
d
E e
f
g
h
i

Elefant

Der Elefant ist das größte und schwerste Landtier. Ein Elefant wiegt so viel wie vier Personenautos. Elefanten leben in Afrika in Herden. Auch in Indien gibt es Elefanten. Sie sind etwas kleiner. Der Rüssel des Elefanten ist seine Nase. Er spritzt damit Wasser und benutzt ihn zum Greifen und Fressen. Elefanten haben gewaltige Stoßzähne aus Elfenbein. Weil Elfenbein sehr wertvoll ist, hat man viele Elefanten getötet und sie fast ausgerottet.

Ente

Die Ente ist ein Schwimmvogel. Mit ihren Ruderfüßen paddelt sie schnell im Wasser. Auf dem Land läuft sie ungeschickt. Wir sagen, jemand watschelt wie eine Ente. Die meisten Enten fliegen dafür sehr gut. Im Winter kommen viele Enten aus dem Norden an unsere Seen. Die Hausente ist zum Fliegen zu schwer.

s
t
u
v
w
x
y
z

Erde

Die Erde ist ein Planet im Weltall. Sie läuft auf einer Bahn um die Sonne. Dabei dreht sie sich auch um sich selbst. Die Erdkugel ist von einer Lufthülle umgeben. Diese schützt uns vor der Kälte des Weltalls und der Hitze der Sonne. Das Erdinnere ist glühend heiß und flüssig. Die Erdkruste, auf der wir leben, ist ganz abgekühlt. Drei Viertel davon sind von Wasser bedeckt. Wer einmal rund um die Erde fliegt, legt 40 000 Kilometer zurück.

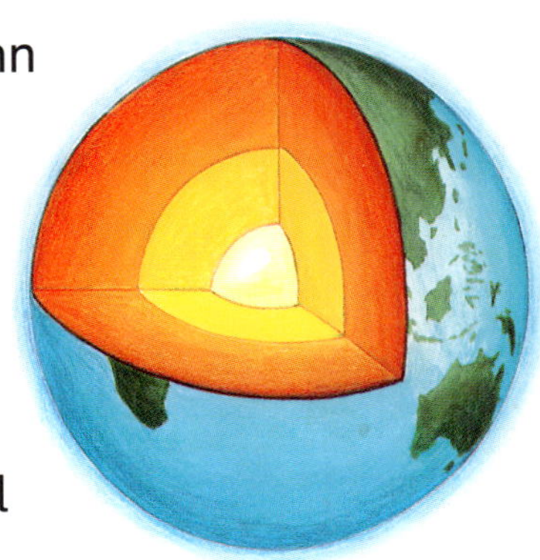

Essen

Das Essen ist lebenswichtig. Wenn der Körper nicht genug Nährstoffe bekommt, wirst du müde. Du beginnst dann auch zu frieren. Die drei wichtigsten Nährstoffe sind Kohlenhydrate, Fett und Eiweiß.

Kartoffeln, Nudeln und Reis enthalten viele Kohlenhydrate. Sie liefern uns Kraft. Bei uns werden viel Kartoffeln gegessen. Die Italiener essen gern Nudeln. Die Menschen in Asien mögen vor allem Reis.

Fett ist in Butter und Öl, aber auch in Wurst und Käse enthalten. Es sorgt für die Körperwärme. Eiweiß liefern nicht nur Eier, sondern auch Fisch und Fleisch. Es ist wichtig für Nerven und Muskeln. Zur gesunden Ernährung gehören auch Mineralsalze und Vitamine. Sie kommen in Obst und Gemüse vor. Manche Kinder essen viele Süßigkeiten. Das ist nicht gesund!

Eule

Die Eule gleitet lautlos durch die Nacht. Man sieht nur ihren Schatten vorbeihuschen. Ihr Flügelschlag ist kaum zu hören. Auch die Maus, die ihr über den Weg läuft, bemerkt die Eule nicht. Eulen fressen Mäuse. Sie sehen nachts sehr gut und hören jede Maus am Boden rascheln. Schnell packen sie ihr Opfer. Sie würgen es mit Haut und Haaren hinunter. Auch der Uhu und der Kauz sind Eulen.

Schleiereule

Steinkauz

Fabrik

Die Fabrik stellt große Mengen von Waren her. In einer Kleiderfabrik werden Kleider genäht. In einer Autofabrik werden Autos hergestellt. Früher haben in Fabriken viele Menschen gearbeitet. Heute stehen dort Roboter. Das sind Maschinen, die automatisch arbeiten. Nur noch wenige Menschen bauen in einer Autofabrik die Autos zusammen. Die Wagen fahren auf Fließbändern an ihnen vorbei. Jeder Arbeiter macht bestimmte Handgriffe. Am Ende rollt der fertige Wagen vom Fließband.

Fahrrad

Das Fahrrad ist das billigste Fortbewegungsmittel. Es braucht kein Benzin wie ein Auto und kein Futter wie ein Pferd. Du musst nur kräftig in die Pedale am Kettenrad treten. Die Kraft deiner Beine wird mit einer Kette auf die hinteren Zahnräder übertragen. Das Hinterrad dreht sich und das Fahrrad fährt. Die Geschwindigkeiten wählst du mit der Gangschaltung.

Fallschirm

Der Fallschirm trägt einen Fallschirmspringer sicher durch die Luft. Wenn jemand aus einem Flugzeug springt, würde er ohne Fallschirm immer schneller auf die Erde stürzen. Beim Aufprall wäre er sofort tot. Zieht der Springer die Reißleine, dann öffnet sich der Fallschirm. Unter der Fallschirmhülle fangen sich die Luftteilchen. Sie bremsen den Sturz ab und der Fallschirmspringer landet weich auf der Erde.

Familie

Die Familie besteht aus Mutter, Vater, und einem oder mehreren Kindern. Viele Mütter oder Väter erziehen ihre Kinder auch allein, weil sie getrennt oder geschieden sind oder ein Ehepartner gestorben ist.

Zur Großfamilie gehören Großmütter und Großväter, Onkel und Tanten, Kusinen und Vettern. Sie sind alle miteinander verwandt, obwohl sie verschiedene Nachnamen haben.

Wenn alle Großeltern noch leben, hat jedes Kind zwei Großmütter und zwei Großväter. Manche Kinder haben sogar noch Urgroßeltern. Das sind die Eltern ihrer Großeltern. Die Urgroßeltern sind häufig schon sehr alt.

Viele Menschen fühlen sich wohl in einer großen Verwandtschaft. Die Familien besuchen sich gegenseitig und fahren vielleicht gemeinsam in die Ferien. Auf Familienfesten geht es oft lustig zu und alle Vettern und Kusinen können miteinander spielen.

a
b
c
d
e
F f
g
h
i
j
k
l
m
n
o
p
q
r
s
t
u
v
w
x
y
z

Farbe

Die Farbe entsteht durch Licht. Sonnenlicht besteht aus sieben Farben. Du kannst die einzelnen Farben in einem Regenbogen sehen. Sie ergeben zusammen das weiße Licht der Sonne. Jeder Gegenstand erscheint in der Farbe, die er aus dem Sonnenlicht zurückwirft. Das Gras erscheint grün, weil es nur das grüne Licht der Sonnenstrahlen zurückwirft. Der Himmel wirft nur blaues Licht zurück. Eine Orange strahlt rotes und gelbes Licht ab. Wirft ein Gegenstand alles Licht zurück, dann ist er weiß. Ein schwarzer Gegenstand verschluckt das Licht. Auch Malfarben sind nur bei Licht bunt.

Fasching

Der Fasching heißt auch Karneval oder Fastnacht. Es ist die Zeit, in der wir uns verkleiden. Viele Kinder gehen als Indianer, Cowboy, Clown, Hexe oder Prinzessin. Gehört zu deinem Kostüm eine Maske, wirst du von niemandem erkannt. Eine Gruppe von Verkleideten bildet einen Karnevalszug. Solche Umzüge gibt es in vielen Städten am Faschingssonntag oder Rosenmontag. Am darauf folgenden Aschermittwoch ist die Faschingszeit vorbei.

Planet Saturn

Fernrohr

Das Fernrohr bringt ferne Dinge nah heran. Du kannst damit Sterne am Himmel deutlich sehen. Fernrohre haben mehrere Linsen, die zusammen stark vergrößern. Mit riesigen Fernrohren, den Teleskopen, beobachten Forscher in Sternwarten Planeten am Himmel.

Fernsehen

Das Fernsehen überträgt Bilder aus aller Welt. Du kannst auf dem Bildschirm den Start einer Rakete verfolgen oder den Ausbruch eines Vulkans oder ein Tennisspiel. Fernsehkameras nehmen die Bilder auf und schicken sie als elektrische Signale zum Sender. Dieser strahlt sie aus. Die Antenne oder die Satellitenschüssel auf dem Dach fängt die Bildsignale aus der Luft auf. Der Fernseher verwandelt die Signale wieder in Bilder. Beim Kabelfernsehen werden die Signale in Glasfaserkabeln weitergeleitet.

Feuer

Das Feuer spendet Wärme und Licht. Es richtet aber auch große Zerstörungen an. Die Urmenschen hielten Stöcke in brennendes Gras und trugen das Feuer in ihre Höhle. Dort setzten sie einen Holzstoß in Brand. Später schlugen sie Steine aneinander, bis die Funken das Brennmaterial entzündeten. Wir nehmen Streichhölzer und Feuerzeuge.

Die Drehleiter
Die Leiter wird mit
Motorkraft ausgefahren.
Das Sprungtuch
Die Feuerwehrleute
fangen den Mann auf.
Blumen
Gerätewagen
Hydrant
Er liefert
das Wasser.

Feuerwehr

Die Feuerwehr löscht Brände. Wenn ein Haus brennt, rasen die Löschfahrzeuge mit Sirenengeheul und Blaulicht zum Brandort. Dort fahren die Feuerwehrleute schnell die Leiter aus, um Menschen aus dem brennenden Haus zu retten. Einige spannen ein Sprungtuch auf. Die Eingeschlossenen springen hinein. Die Löschmannschaft schließt inzwischen die Schläuche am Hydranten an. Jetzt können die Feuerwehrleute Wasser spritzen. Die Polizei sperrt die Straße ab. Auch der Rettungswagen mit dem Notarzt ist schnell da. Die Verletzten werden versorgt und notfalls ins Krankenhaus gebracht.

Die Polizei
Sie sperrt die Straßen und hält Neugierige zurück.

Der Tanklöschwagen
Er enthält einen Wassertank.

Der Notarztwagen
Sanitäter und Notärzte versorgen die Verletzten.

Feuerwerk

Das Feuerwerk macht Spaß und Krach. Dabei werden Raketen in den Himmel geschossen. Sie sind mit Pulver gefüllt und explodieren in einem bunten Sternenregen. Bei Festen, vor allem an Silvester, lassen viele ein Feuerwerk aufsteigen. Kinder zünden gern Kracher und Knallfrösche. Früher glaubten die Menschen, durch Krach und Feuer würden die bösen Geister vertrieben. Man muss mit Feuerwerkskörpern immer vorsichtig umgehen.

Fisch

Der Fisch lebt im Wasser. Sein Körper ist mit Schuppen bedeckt. Sie liegen wie Dachziegel übereinander. Fische bewegen sich mit Flossen vorwärts. Ihre Körperform ist vorn spitz und sie durchschneiden das Wasser wie ein Schiff. Wenn Fische länger an Land sind, ersticken sie in der Luft. Fische können nur im Wasser atmen. Sie holen mit Kiemen Sauerstoff aus dem Wasser.

Die meisten und größten Fische leben im Salzwasser. Es sind Meeresfische wie der Schwertfisch. In Flüssen und Seen leben Süßwasserfische wie die Forelle. Am größten ist der Walhai. Er wird so lang wie ein Eisenbahnwagon.

Fledermaus

Die Fledermaus wird erst am Abend munter. Tagsüber hängt sie kopfunter in ihrem Versteck. Nachts flattert sie umher und jagt Insekten. Fledermäuse fangen Insekten zielsicher in der Luft, obwohl sie sie gar nicht sehen. Sie stoßen dazu sehr hohe Schreie aus, die wir nicht hören. Die Schreie werden von einem Hindernis als Echo zurückgeworfen. Die Fledermäuse fangen das Echo mit ihren großen Ohren auf. Dabei hören sie sogar, ob das Hindernis ein essbares Insekt ist oder nur eine Wäscheleine.

Stubenfliege

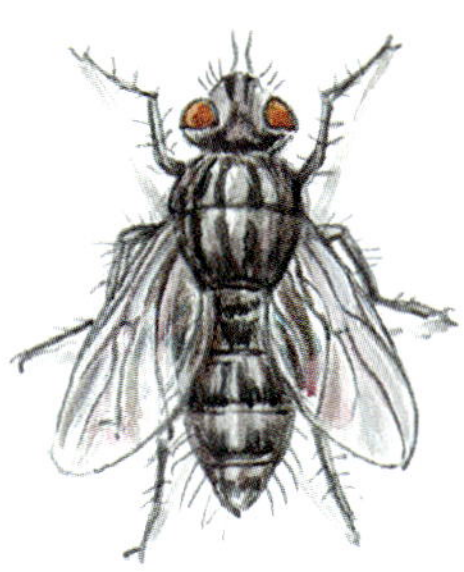

Fliege

Schmeißfliege

Die Fliege ist ein Insekt. Es gibt viele Tausende von Fliegenarten und die meisten sind uns sehr lästig. Die Stubenfliege setzt sich auf das Essen und stört unsere Ruhe. Die Schmeißfliege legt ihre Eier in Fleisch und Wurst. Bremsen sind im Sommer sehr unangenehm. Die Weibchen stechen. Und was sind Mücken?

Flöte

Die Flöte ist ein Blasinstrument. Die einfachste Flöte ist ein Rohr aus Holz oder Knochen mit Löchern darin. Du bläst hinein und hältst die Löcher abwechselnd zu. Dann ertönt eine Melodie. Viele Kinder lernen Blockflöte. Querflöten und Pikkoloflöten sind aus Metall. Sie haben Löcher mit Klappen. Man spielt damit auch in einem Orchester. Kennst du noch andere Blasinstrumente?

Flugzeug

Das Flugzeug ist unser schnellstes Verkehrsmittel. Damit es vom Boden abheben kann, muss es mit hoher Geschwindigkeit anfahren. In der Luft wird es von den Tragflächen gehalten. Propeller oder Düsentriebwerke lassen es vorwärts fliegen.

Ein riesiges Verkehrsflugzeug ist der Jumbojet. Er hat vier starke Düsentriebwerke. Beim Start verbraucht dieses Flugzeug so viel Treibstoff, dass damit hundert Autos einen Tag lang fahren könnten. Der Treibstoff befindet sich in den Tragflächen. In einem Jumbojet haben 400 bis 600 Personen Platz.

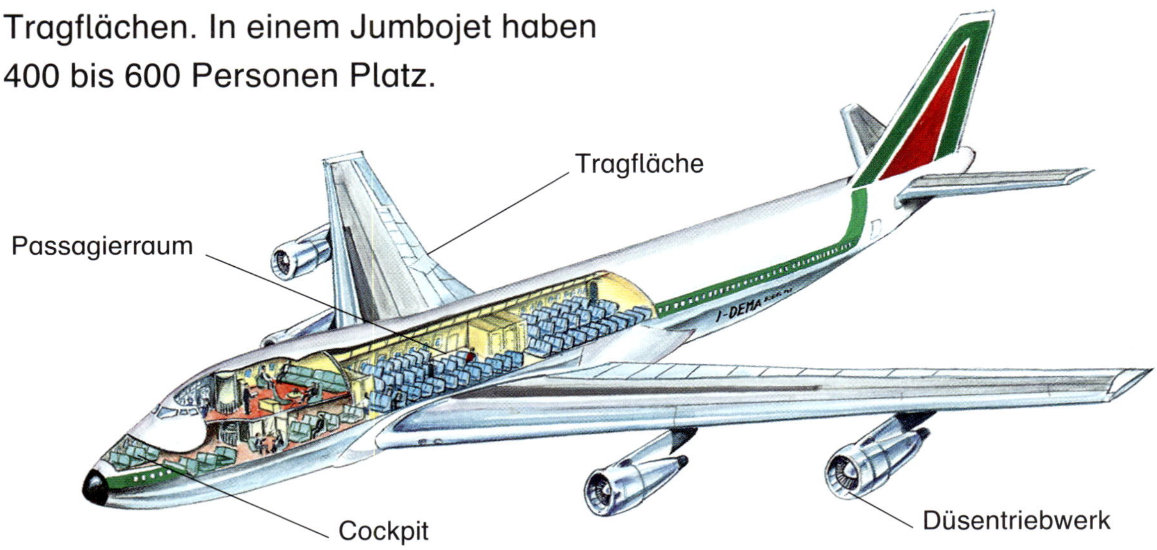

Auf einem großen Flughafen starten und landen täglich Hunderte von Flugzeugen. Sie bringen die Passagiere in kurzer Zeit in alle Teile der Welt. Alle startenden und landenden Maschinen werden vom Kontrollturm aus überwacht.

Fluss

Der Fluss entspringt aus einer Quelle. Dort fließt Wasser aus der Erde. Es sammelt sich in einem Bach. Immer mehr Bäche fließen zusammen. Schließlich entsteht ein kleiner Fluss. Darauf kann man mit einem Boot fahren.

Für größere Schiffe ist das Flussbett aber noch nicht breit und tief genug. Der Fluss nimmt in seinem Lauf andere kleine Nebenflüsse auf. Allmählich wird er zu einem großen und breiten Strom. Am Ende mündet der Strom in das Meer.

Flüsse bringen uns großen Nutzen. Sie versorgen das Land auf ihrem Weg von der Quelle bis zur Mündung mit Wasser. Sie treiben Mühlräder an oder Turbinen in einem Kraftwerk. Und sie bilden eine Wasserstraße. Darauf können auch größere Schiffe fahren. In sauberen Flüssen leben viele Fische. Angler holen sie aus dem Wasser. So liefert uns ein Fluss auch Nahrung. Oft wird aus einem Fluss sogar Wasser entnommen und im Wasserwerk zu Trinkwasser aufbereitet.

e
F f
g
h
i
j
k
l
m
n
o
p
q
r

a b c d e **F f** g h i

Foto

Das Foto zeigt die Wirklichkeit ganz genau. Wenn du fotografiert wirst, sieht dich der Fotograf durch seinen Fotoapparat. Die Linse im Fotoapparat bildet dich mit Hilfe von Lichtstrahlen auf dem Film ab. Nun wird der Film entwickelt. Man erhält ein Negativ. Darauf ist alles dunkel, was in Wirklichkeit hell ist, und umgekehrt. Von dem Negativ macht man einen Fotoabzug. Darauf ist alles wieder richtig zu sehen und du erkennst dich auf dem Foto.

Friedhof

Der Friedhof ist der Ort der Toten. Wenn ein Mensch gestorben ist, legt man ihn in einen Sarg. Der Sarg wird auf dem Friedhof in eine Grube gesenkt und mit Erde bedeckt. Oder man verbrennt den Toten und beerdigt seine Asche in einer Urne. Bei der Beerdigung spricht meist ein Pfarrer ein Gebet für den Toten. Verwandte und Freunde des Verstorbenen legen Blumen und Kränze auf das Grab. Der Name des Toten wird in den Grabstein eingemeißelt.

q r s t u v

Frosch

Laubfrosch

Der Frosch fühlt sich kalt und glitschig an. Das Blut der Frösche ist kälter als unseres. Schleimdrüsen halten ihre Haut feucht. Die meisten Frösche leben am Wasser und fangen Insekten. Laubfrösche klettern sogar auf Bäume. Froschmännchen haben Schallblasen, mit denen sie laut quaken.

Teichfrosch

Fuchs

Der Fuchs ist ein Raubtier und mit dem Hund verwandt. Er lebt in Wald und Feld. Dort jagt er vor allem Mäuse, aber auch Vögel und Kaninchen. Viele Mäuse haben die Tollwut. Das ist eine lebensgefährliche Krankheit. Der Fuchs überträgt sie auf den Menschen. Deshalb verfolgt man Füchse und die Jäger schießen sie tot. Doch die Füchse sind schlau. Sie gehen dem Menschen aus dem Weg und verstecken sich. Ihre Welpen bringen sie in einem unterirdischen Bau zur Welt. Unser Fuchs heißt auch Rotfuchs. Weißt du, warum?

Fußball

Der Fußball ist ein beliebter Sport. Elf Jungen oder Mädchen bilden eine Fußballmannschaft. Zehn von ihnen versuchen den Lederball mit dem Fuß oder dem Kopf voranzutreiben. Nur ein Spieler in der Mannschaft darf den Ball mit der Hand berühren, der Torwart oder die Torwartin. Sie müssen verhindern, dass die Spieler der anderen Mannschaft den Ball ins Tor schießen. Das ist beim Elfmeter besonders schwierig. Dann steht der Torwart dem Schützen allein gegenüber. Der Schiedsrichter und die Linienrichter sorgen dafür, dass die Regeln eingehalten werden.

Wildgans

Gans

Die Gans schnattert laut. Mit Geschnatter meldet sie jeden Fremden an, der auf den Bauernhof kommt. Gänse sind Schwimmvögel und leben am Wasser. Die meisten können gut fliegen. Die grauen Wildgänse fliegen im Herbst aus dem kalten Norden in den warmen Süden. Unsere fette weiße Hausgans ist zum Fliegen zu schwer.

Gas

Das Gas kannst du manchmal riechen. Sehen kannst du Gase aber meist nicht. Wir kochen und heizen mit Erdgas. Gase entstehen auch, wenn etwas verdampft oder verbrennt. Autos stoßen Abgase aus. Die Luft ist ein Gemisch aus Gasen. Wir nehmen daraus Sauerstoff auf. Er ist farb- und geruchlos. Viele Gase sind leichter als Luft. Sie steigen nach oben. Das leichte Gas in einem Luftballon trägt diesen in die Höhe. Auch warme Luft steigt hoch. Man kann deshalb mit einem Heißluftballon aufsteigen. Ein Brenner erhitzt die Luft in der Ballonhülle.

Geburtstag

Der Geburtstag erinnert dich an den Tag, an dem du auf die Welt kamst. Du feierst dann ein Fest und bekommst Geschenke. Natürlich gehört eine Geburtstagstorte dazu. Die Zahl der Kerzen auf der Torte zeigt das Alter des Geburtstagskinds an.

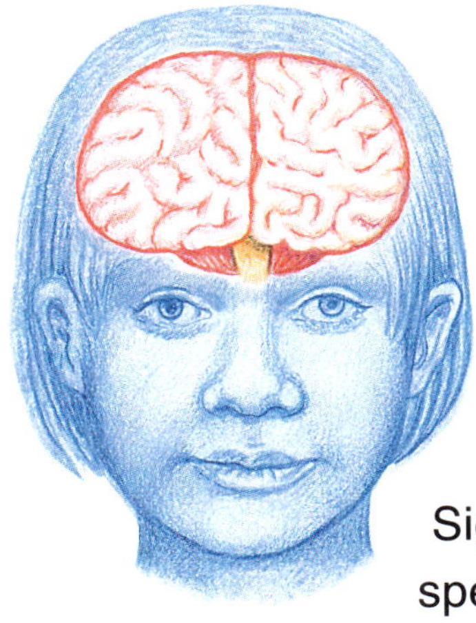

Gehirn

Das Gehirn ist die Schaltzentrale unseres Körpers. Alles, was wir denken, tun und fühlen, wird vom Gehirn gesteuert. Unser Gehirn leistet viel mehr als der größte Computer. In unserem Kopf laufen alle Signale der Nerven zusammen. Das Gehirn speichert auch die Sinneseindrücke. Manches vergessen wir. Aber vieles merken wir uns lange.

Geige

Die Geige hat vier Saiten. Diese sind auf einen hohlen Holzkörper gespannt. Wenn man die Saiten anzupft, erklingt ein Ton. Der hohle Körper der Geige verstärkt diesen Ton. Um auf einer Geige richtig zu spielen, braucht man einen Bogen. Darauf sind Haare von einem Pferdeschwanz gespannt. Der Geiger streicht mit dem Bogen über die Saiten. Er entlockt dem Instrument so die Töne. Weißt du, wie die Geige noch heißt?

Geld

Das Geld ist ein Tauschmittel. Man kann mit Geld fast alles kaufen. Dabei besteht Geld nur aus Papierscheinen und Münzen aus Metall. Um Geld zu verdienen, müssen die meisten Menschen arbeiten. Kinder bekommen von ihren Eltern Taschengeld. Wer nicht sein ganzes Geld ausgeben will, kann etwas davon sparen. Die Bank schreibt die ersparte Summe in ein Sparbuch und das Geld vermehrt sich durch Zinsen.

a
b

Gemüse

Das Gemüse ist gesund. Es liefert uns Mineralsalze und Vitamine. Wir essen verschiedene Pflanzenteile als Gemüse: Blätter vom Salat oder Lauch, Wurzeln von Karotten, Samen von Erbsen, Früchte der Tomaten. Viele Gemüse sind Kohlarten wie Kohlrabi, Rosenkohl oder Wirsing. Die Kartoffel ist unser wichtigstes Gemüse. Sie wächst unter der Erde. Kartoffeln sind Knollen. Auch die Zwiebeln zählen zum Gemüse.

j
k
l
m
n
o
p

Gesang

Der Gesang macht Freude. Weil Kanarienvögel sehr schön singen, halten wir sie in Käfigen. Die Nachtigall ist unser bester Singvogel. Auch manche Menschen singen gut. Wer eine schöne Stimme hat, kann sich von einem Gesangslehrer zur Sängerin oder zum Sänger ausbilden lassen. Oder er singt mit anderen Sängern gemeinsam in einem Chor.

Gespenst

Das Gespenst ist ein Geist. Es haust in einem alten Schloss oder in einer Burgruine. In der Geisterstunde nach Mitternacht geht es um. Dann schwebt es durch die Räume. Es heult und klappert an den Türen. Viele Leute glauben, Gespenster seien die Geister Verstorbener. Du brauchst aber keine Angst vor Gespenstern zu haben. Es gibt sie nur in unserer Fantasie.

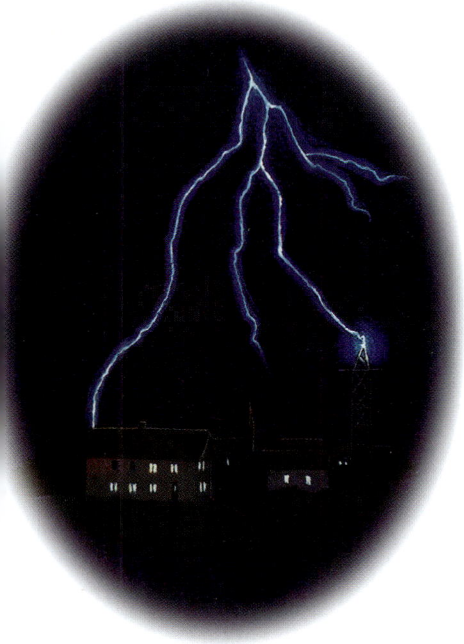

Gewitter

Das Gewitter macht vielen Tieren Angst. Sie verkriechen sich, wenn es blitzt und donnert. Der Blitz ist ein gewaltiger elektrischer Funke. Er entsteht, wenn sich elektrische Spannungen in den Wolken entladen. Gleichzeitig mit dem Funken kracht der Donner. Oft hören wir ihn erst einige Zeit nach dem Blitz. Wenn wir zwischen Blitz und Donner bis drei zählen können, ist das Gewitter noch einen Kilometer entfernt. Hast du auch Angst vor einem Gewitter? Im Haus geschieht dir nichts. Der Blitzableiter leitet den Funken in die Erde.

Gift

Das Gift fügt Lebewesen oft Schaden zu. Viele Pflanzen sind giftig wie der Eisenhut oder die Tollkirsche. Auch manche Tiere haben Gift im Körper. Sie schützen sich damit vor Feinden wie die Wespe. Oder sie töten damit andere Tiere, die sie fressen. Der Biss einer Kreuzotter kann auch für uns tödlich sein. An einem Wespenstich stirbt man nicht.

Giraffe

Die Giraffe lebt in Afrika. Sie ist von Kopf bis Fuß so hoch wie ein einstöckiges Haus. Giraffen ernähren sich von Blättern. Mit ihrem langen Hals erreichen sie mühelos das Laub von hohen Bäumen. Mehr Schwierigkeiten macht ihnen das Trinken. Dazu müssen sie die Beine weit spreizen und sich tief bücken.

a b c d e f G g h i j k q r s t u v w x y z

Glas

Das Glas besteht aus Sand, Kalk und Salz. Wenn man diese Stoffe zusammenschmilzt, erhält man durchsichtiges Glas. Aus der flüssigen Schmelze bläst der Glasbläser Blumenvasen, Christbaumkugeln oder Weingläser. Das geht so ähnlich wie beim Seifenblasen. Die Schmelze lässt sich auch in Formen pressen. So werden zum Beispiel Flaschen hergestellt. Wenn die Glasschmelze abgekühlt ist, ist das Glas fest und doch zerbrechlich.

Gold

Das Gold ist selten. Deshalb ist es so wertvoll. Wer Glück hat, findet vielleicht einen Klumpen Gold in einem Fluss. Dort waschen Goldgräber den Sand und suchen nach Goldkörnern. Oft liegt das Gold aber tief in der Erde. In einem Bergwerk brechen Bergleute das goldhaltige Gestein aus der Erde.

Gorilla

Der Gorilla lebt in Afrika. Er ist der größte Menschenaffe. Wenn er sich aufrichtet, ist er so groß wie ein Mensch. Ein Gorillamännchen ist doppelt so schwer wie ein kräftiger Mann. Die Gorillas sind friedliche Pflanzenfresser. Nachts bauen sie sich ein Schlafnest am Boden. Wenn sie sich bedroht fühlen, werden die Männchen wütend. Dann trommeln sie sich auf die Brust, um ihren Gegner einzuschüchtern.

Hafen

Der Hafen ist ein Anlegeplatz für Schiffe. Die Schiffe tanken Treibstoff im Hafen. Sie nehmen Wasser und Nahrungsmittel für die Seeleute und Passagiere auf. Die Fahrgäste gehen im Passagierhafen an Bord ihres Schiffes.

Die meisten Schiffe, die im Hafen anlegen, sind Frachtschiffe. Sie werden im Frachthafen beladen und entladen. Die Seeleute sagen, die Ladung wird „gelöscht". Dazu fahren große Kräne am Hafenbecken auf Gleisen entlang. Sie heben schwere Lasten aus den Schiffen oder laden Güter ein. Viele Güter aus den Schiffen werden sofort auf Eisenbahnwagen verladen. Sattelschlepper fahren die Container weg. Alles muss schnell gehen. Denn jede Stunde, die ein Schiff im Hafen liegt, kostet Geld.

Im Hafen gibt es Lagerschuppen. Hier stapeln sich Kisten und Säcke mit allen möglichen Waren. Getreide wird mit Rohren aus den Schiffen gesaugt und in hohe Silos geblasen.
In Kühlhäusern lagern verderbliche Waren
wie Fisch, Fleisch oder Obst.

Hai

Der Hai ist ein Raubfisch. Er hat ein riesiges Maul mit Reihen spitzer Zähne. Die Zähne sind scharf wie Rasiermesser. Damit zerreißt der Hai seine Beute. Haie fressen Fische, Seevögel und Robben. Der Weiße Hai fällt sogar Menschen an. Aber nur wenige große Haie werden dem Menschen gefährlich. Manche Haie sind friedlich und fressen nur Pflanzen. Dazu gehört der größte Fisch, der Walhai. Er wird so lang wie ein Eisenbahnwagon.

Weißer Hai

Hamster

Der Hamster gräbt sich einen Bau in der Erde. Durch ein Fallrohr lässt er sich in seine gepolsterte Wohnhöhle plumpsen. Ein Hamsterbau hat noch einen schrägen Ausgang und mehrere Nebenhöhlen. Dort bewahrt der Hamster Getreidekörner auf. Die Körner sammelt er in den Backentaschen und trägt sie in seine Vorratskammer. Das Nagetier hat noch einen kleinen Verwandten, den Goldhamster. Viele Kinder halten einen Goldhamster in einem Käfig. Man darf ihn ohne Aufsicht nicht frei herumlaufen lassen. Er knabbert sonst alles an.

Goldhamster

Hase

Der Hase lebt im Feld. Am liebsten frisst er Kohlblätter. Am Tag siehst du den Hasen selten. Er liegt in einer Ackerfurche und scheint zu schlafen. Wenn du näher kommst, springt er auf und rast davon. Dabei schlägt er Haken, damit ihn keiner fängt. Feldhasen sind mit den Kaninchen verwandt.

Haus

Das Haus bietet Schutz vor Regen und Schnee, vor Hitze und Kälte. Es gibt Häuser aus Lehm, aus Holz und aus Stein. Manche Menschen haben keine festen Häuser. Sie leben in Zelten, weil sie ständig umherziehen. Die Eskimo im Norden der Erde bauten sich früher Iglus aus Schnee. Heute haben sie Häuser wie wir.

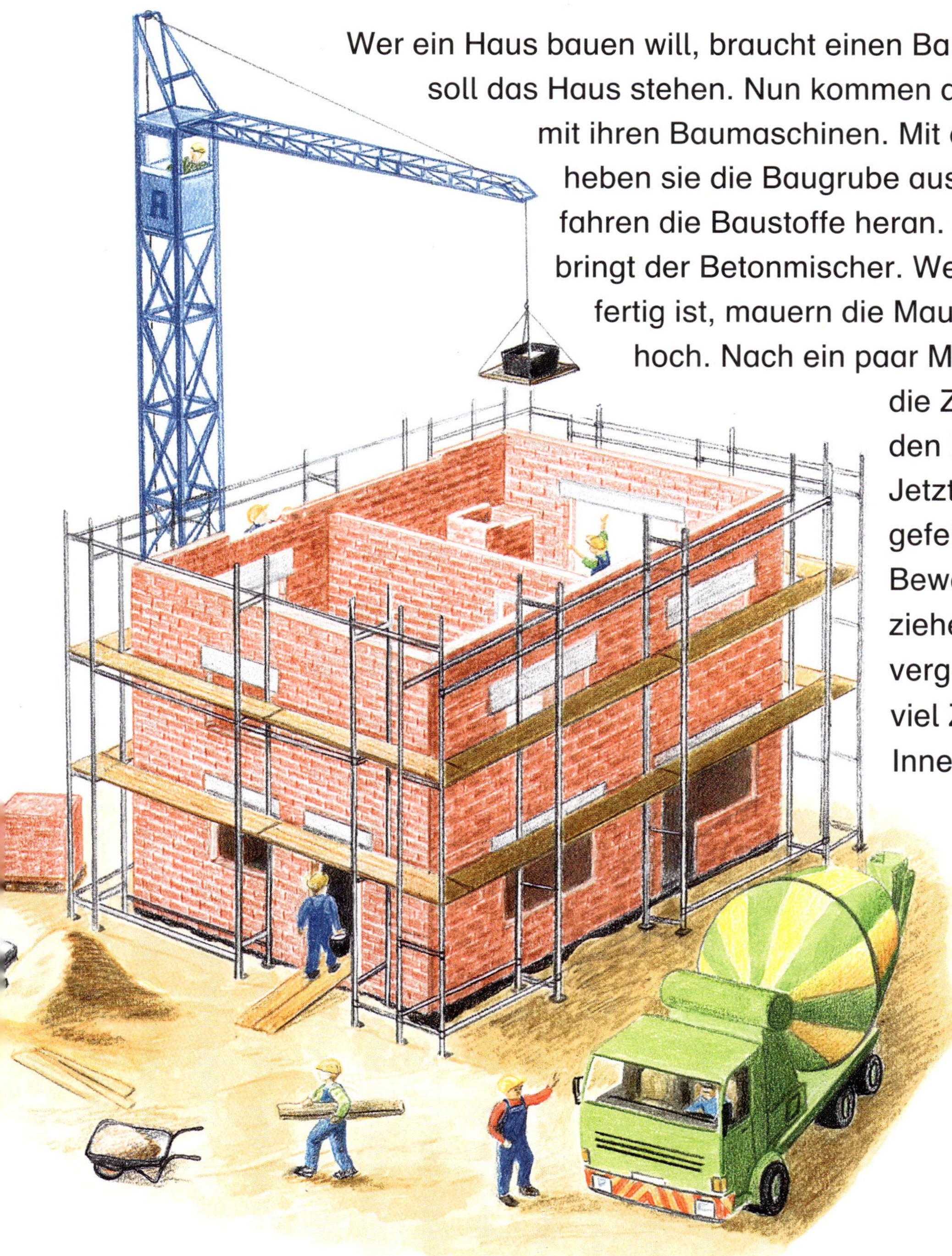

Wer ein Haus bauen will, braucht einen Bauplatz. Darauf soll das Haus stehen. Nun kommen die Bauarbeiter mit ihren Baumaschinen. Mit dem Bagger heben sie die Baugrube aus. Lastwagen fahren die Baustoffe heran. Den Beton bringt der Betonmischer. Wenn der Keller fertig ist, mauern die Maurer die Wände hoch. Nach ein paar Monaten setzen die Zimmerleute den Dachstuhl. Jetzt wird Richtfest gefeiert. Bis die Bewohner einziehen können, vergeht aber noch viel Zeit mit dem Innenausbau.

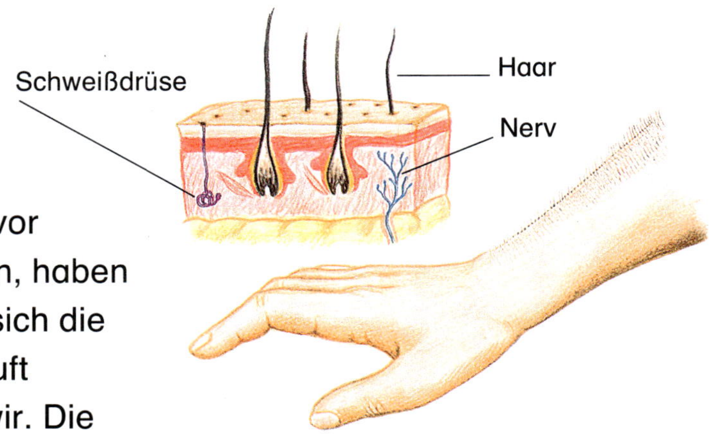

Haut

Die Haut umhüllt den Körper. Sie schützt uns vor Verletzungen und vor Krankheitskeimen. Wenn wir frieren, haben wir eine Gänsehaut. Dann stellen sich die Haare auf und halten wärmende Luft fest. Wenn es heiß ist, schwitzen wir. Die Schweißdrüsen geben dann Wasser ab. Es verdunstet und kühlt die Haut. Mit den Nerven in der Haut fühlen wir. Und wir atmen durch die Poren, die kleinen Öffnungen in der Oberhaut. Die meisten Menschen werden in der Sonne braun. Manche haben eine sehr helle und empfindliche Haut. Sie bekommen Sommersprossen. Um die Haut vor der Sonne zu schützen, musst du dich gut eincremen.

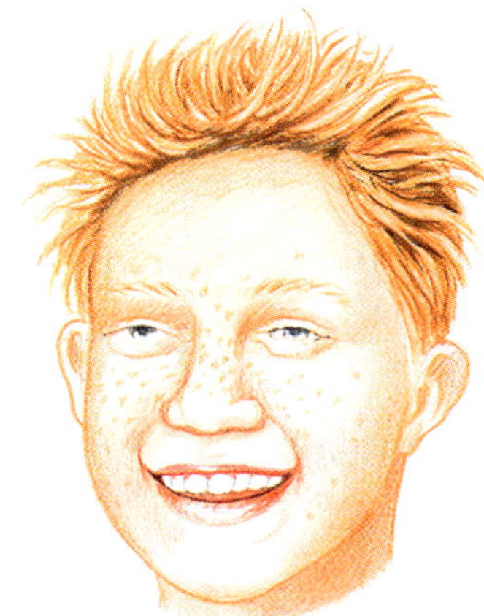

Hecht

Der Hecht lebt in Flüssen und Seen. Er ist der größte Raubfisch im Süßwasser. Der Hecht lauert am Ufer auf Beute. Wenn ein Fisch vorbeischwimmt, packt er ihn. Was ein Hecht zwischen seinen Hunderten von scharfen Zähnen hat, hält er fest. Hechte jagen Fische, Frösche und Wasservögel.

Hering

Der Hering ist ein Meeresfisch. Er lebt in Schwärmen von Tausenden von Tieren. Die Heringe schließen sich zusammen, um vor Raubfischen sicherer zu sein. Fischdampfer fangen die großen Schwärme mit riesigen Netzen.

Herz

Das Herz hören wir klopfen. Es arbeitet wie eine Pumpe. Ständig pumpt es Blut durch die Adern. Du fühlst das am Puls. Er schlägt etwa 80-mal in der Minute. Dein Herz ist der Motor für den Blutkreislauf. In einer Minute fließt das ganze Blut einmal durch das Herz. Früher glaubte man, dass die Gefühle vom Herzen kommen. Hast du schon bemerkt, dass dein Herz schneller klopft, wenn du Angst hast oder dich doll freust? Dann fließt mehr Blut durch dein Herz.

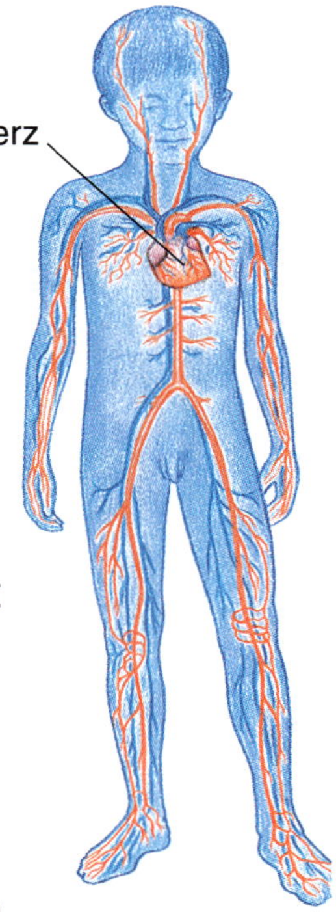

Hexe

Die Hexe reitet auf einem Besen durch die Luft. Sie kann auch allerlei andere Kunststückchen. Ihre Lieblingstiere sind ein schwarzer Rabe und eine schwarze Katze. In Märchen kommen oft böse Hexen vor. Sie verhexen die Menschen. Es gibt aber auch gute und lustige Hexen. Sie helfen den Kindern. Kennst du eine Hexengeschichte?

Hirsch

Der Hirsch ist das größte Tier im Wald. Auf dem Kopf trägt das Männchen ein mächtiges Geweih. Die Weibchen haben kein Geweih. Sie heißen Hirschkühe. Die Männchen kämpfen um die Weibchen. Sie gehen mit gesenktem Kopf aufeinander los. Die Geweihe der kämpfenden Hirsche krachen dabei laut aufeinander. Der Sieger bekommt die meisten Weibchen.

a b c d e f g **H h** i j k l m n o p q r s t u v w x y z

Hochzeit

Die Hochzeit ist ein schönes Fest. Wenn sich ein Mann und eine Frau lieben, möchten sie immer zusammenbleiben. Die meisten Paare heiraten dann. Die Trauung findet auf dem Standesamt statt. Dort wird die Eheschließung in eine Liste eingetragen. Braut und Bräutigam geben sich das Eheversprechen. Als Zeichen der Treue stecken sich die Brautleute gegenseitig einen Ring an den Finger. Christliche Paare heiraten auch noch einmal in der Kirche. Anschließend gibt es eine Hochzeitsfeier. Manche Brautleute fahren in einer Kutsche zur Hochzeit.

Höhle

Die Höhle ist ein Loch in der Erdkruste. Tiere verkriechen sich in Höhlen. Manche graben sich selbst eine Höhle wie der Fuchs oder der Dachs. Es gibt Tropfsteinhöhlen, die so hoch sind wie eine Kirche. Sie sind durch Wasser entstanden. Es sickert in die Erde und löst Kalkstein auf. Dadurch bildet sich eine Höhle. Mit jedem Wassertropfen fällt etwas Kalk auf den Boden. Langsam lagert sich dort eine Kalkschicht ab. Sie wird höher und höher. Allmählich wächst eine Säule nach oben und von der Decke der Höhle hängt ein Zapfen herunter wie ein Eiszapfen. Warst du schon einmal in einer Höhle?

Holz

Das Holz ist ein Baustoff. Wir bauen damit Häuser. Aus Holz sind auch Tische, Betten und Stühle. Papier macht man ebenfalls aus Holz. Bäume und Sträucher liefern Hölzer. Wenn ein Baum gefällt wird, sollte ein neuer angepflanzt werden. Es dauert nämlich sehr lange, bis ein Baum so groß ist, dass sein Stamm zu Brettern verarbeitet werden kann. Manche Bäume werden über tausend Jahre alt. Wie alt ein Baum ist, siehst du an dem abgeschnittenen Stamm. Die runden Kreise sind die Jahresringe. Jeder Kreis bedeutet ein Jahr.

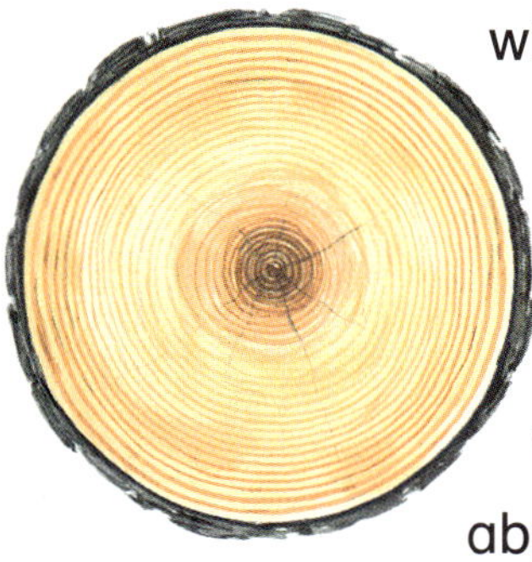

Hotel

Das Hotel ist ein Haus, in dem man übernachten kann. Wenn du in der Wohnung deiner Oma oder deiner Tante schläfst, kostet es nichts. Wenn du mit deinen Eltern im Hotel übernachtest, müssen sie für das Schlafen in einem fremden Bett bezahlen. Sie melden sich am Hotelempfang an. Die Hotelgäste bekommen ein Frühstück und können meist im Restaurant oder Speisesaal essen. Die Zimmer werden jeden Tag von Zimmermädchen sauber gemacht.

a b c d e f g H h i j k l r s t u v w x y z

Hubschrauber

Der Hubschrauber besitzt eine Luftschraube mit vier Flügelblättern. Sie dreht sich im Kreis und heißt Rotor. Manche Hubschrauber haben hinten noch einen kleinen Rotor. Hubschrauber können senkrecht starten und landen. Sie können rückwärts fliegen und in der Luft stehen bleiben. Sie brauchen wenig Platz zum Landen. Deshalb setzt man Hubschrauber bei Rettungsflügen ein.

Huhn

Das Haushuhn legt bis zu 300 Eier im Jahr. Da ihm der Mensch jeden Tag sein Ei wegnimmt, legt es immer weiter. Es brütet die Eier meist nicht aus wie andere Vögel. Wenn man Küken haben will, kommen die Eier in einen Brutkasten. Nur frei laufende Hühner auf dem Bauernhof brüten manchmal noch acht bis zwölf Eier selbst aus. Nach drei Wochen schlüpfen die Küken. Hahn und Henne führen ihre Jungen dann stolz spazieren.

Hummel

Die Hummel ist ein Insekt. Die Hummeln sind mit den Bienen verwandt. Sie bilden auch einen Staat wie die Bienen. Etwa fünfhundert Hummeln legen ihr Nest in einem Erdloch oder in einer Mauerspalte an. Sie ernähren sich vom süßen Saft der Obstblüten. Am Ende des Sommers sterben die Hummeln. Nur die jungen Weibchen überleben den Winter. Sie gründen im Frühjahr ein neues Hummelvolk.

Dalmatinerwelpen

Irischer Wolfshund

Chihuahua

Hund

Der Hund stammt vom Wolf ab. Auch das kleinste Hündchen ist deshalb ein Raubtier. Haushunde leben schon seit zehntausend Jahren mit dem Menschen. Sie haben sich vieles angewöhnt, was Wölfe nicht tun. Sie legen sich in einen Hundekorb oder kriechen in eine Hundehütte.

Schäferhunde sehen Wölfen noch recht ähnlich. Sie sind auch etwa genauso groß. Noch größer ist der Irische Wolfshund. Er reicht einem Kind über den Kopf. Der kleinste Hund, der Chihuahua, wiegt nur etwa 500 Gramm. Du kannst ihn leicht in die Tasche stecken.

Fast vierhundert Hunderassen hat der Mensch gezüchtet – große und kleine, freundliche und bissige. Zu fremden Hunden solltest du besser Abstand halten. Vor allem wenn eine Hündin Junge hat, knurrt oder beißt sie. Sie will ihre Welpen vor dir beschützen.

Schäferhund

Mischling

a
b
c
d
e
f
g
h
I i

Impfung

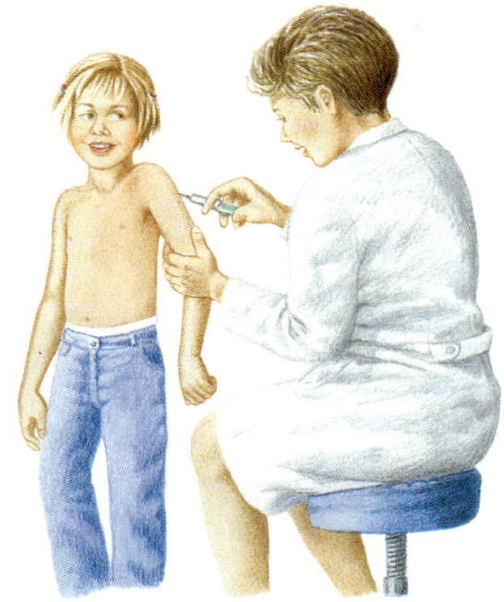

Die Impfung tut nicht sehr weh. Der Arzt oder die Ärztin spritzt dir dabei Impfstoff in den Arm. Dieser schützt deinen Körper vor gefährlichen Krankheiten. Sicher bist du gegen Kinderlähmung geimpft. Bei dieser Schluckimpfung wirst du nicht gepikst. Du schluckst nur ein Stück Zucker mit dem Impfstoff.

Indianer

Die Indianer lebten als erste Menschen in Amerika. Erst vor 500 Jahren hat Kolumbus diesen Erdteil entdeckt. Als die Weißen mit Schiffen aus Europa nach Amerika kamen, trafen sie dort viele Indianervölker. Kennst du einige, zum Beispiel die Sioux? Die Sioux-Indianer wohnten in Zelten, den Tipis. Sie machten Jagd auf Büffel und ritten auf Mustangs. Das sind halbwilde Pferde. Heute leben Indianer meist in Reservaten.

Insel

Die Insel ragt mitten aus dem Wasser. Manche Inseln sind sehr groß wie England. Es gibt aber auch ganz kleine Inseln, die man in einer Stunde umwandern kann. Früher retteten sich manchmal Seefahrer auf eine einsame Insel, wenn ihr Schiff untergegangen war. Sie saßen dort fest und waren ringsum vom Meer eingeschlossen. Immer wenn ein Schiff vorbeifuhr, gaben sie Zeichen, um entdeckt und abgeholt zu werden.

r
s
t
u
v
w
x
y
z

Jahreszeit

Das Jahr hat vier Jahreszeiten. Du erkennst sie gut an einem Apfelbaum. Am 21. März beginnt der Frühling. Die Sonne scheint nun länger. Der Apfelbaum grünt und blüht. Am 21. Juni ist Sommeranfang und gleichzeitig der längste Tag. Die Sonne scheint mittags sehr heiß. Der Baum liefert Schatten. Am 23. September sind Tag und Nacht gleich lang. Es ist Herbst. Das Obst ist nun reif. Die Blätter werden bunt und fallen ab. Am 22. Dezember, kurz vor Weihnachten, fängt der Winter an. Jetzt ist der Tag am kürzesten. Draußen liegt vielleicht schon Schnee.

Jahrmarkt

Der Jahrmarkt ist ein großes Volksfest. Man sagt auch Kirchweih oder Kirmes dazu. Da gibt es Karussells, ein Riesenrad, Schiffschaukeln, eine Geisterbahn und vielleicht sogar eine Achterbahn. In vielen Buden werden gebrannte Mandeln, Zuckerwatte und andere Süßigkeiten angeboten. Es gibt Schießbuden und Losverkäufer.
Du kannst auch einen Flohzirkus besuchen. Jahrmärkte finden meist im Frühjahr oder im Herbst statt. Viele Kinder sparen ihr Taschengeld für das Ereignis.

a b c d e f g h i j K k l m n o p q r s t u v w x y z

Maikäfer

Käfer

Der Käfer sieht aus wie ein gepanzerter Ritter. Er steckt mit dem ganzen Körper in einer harten festen Haut. Unser größter Käfer ist der Hirschkäfer. Er trägt Fresszangen wie ein Hirschgeweih und leckt doch nur Pflanzensäfte. Als Glückskäfer gilt der Marienkäfer. Er hat zwei oder sieben Punkte auf den Flügeln. Marienkäfer sind nützlich. Sie vertilgen Blattläuse. Schädlich ist dagegen der Maikäfer. Er frisst im Frühjahr die jungen Blätter der Bäume. Kennst du noch andere Käfer? Auf der ganzen Welt gibt es über 300 000 verschiedene Arten.

Marien-käfer

Sandlaufkäfer

Kaffee

Der Kaffee macht wach, aber auch nervös. Wer viel Kaffee trinkt, kann oft schlecht einschlafen. Wenn man Kaffeepulver mit heißem Wasser übergießt, bekommt man Kaffee. Das Pulver stammt von gemahlenen Kaffeebohnen. Das sind die Samen der Kaffeekirschen. Sie wachsen in heißen Ländern an Sträuchern.

Käfig

Der Käfig bietet Tieren ein Zuhause. Er ist aber auch ein Gefängnis. Im Zoo werden gefährliche Tiere wie Löwen oder Tiger in einem Käfig mit starken Gittern gehalten. Sie könnten sonst ausbrechen und die Besucher fressen. Vielleicht hältst du einen Hamster oder ein Kaninchen in einem Käfig? Und wie heißt ein Käfig für Fische?

Kakao

Der Kakao stammt wie der Kaffee aus heißen Ländern. Die Früchte wachsen aus dem Stamm des Kakaobaums. Sie enthalten die Kakaobohnen als Samen. Diese werden wie Kaffeebohnen geröstet und gemahlen. Daraus erhält man das Kakaopulver. Wenn du es mit heißer Milch übergießt und Zucker dazugibst, bekommst du ein leckeres Getränk. Du magst sicher Kakao. Weißt du auch, was aus Kakao noch gemacht wird?

Kaktus

Der Kaktus wächst in der Wüste. Weil es dort sehr heiß ist, hat die Pflanze ihre Blätter in Stacheln umgewandelt. So verdunstet sie kein Wasser. Die Stacheln schützen den Kaktus auch davor, von Tieren gefressen zu werden. In seinem grünen Stamm speichert der Kaktus Wasser. So kann er lange Trockenzeiten überstehen. Es gibt Kakteen, die so hoch wie Bäume werden.

Weihnachtskaktus

Säulenkaktus

Kalender

Der Kalender sagt uns, welcher Tag heute ist. Vom Abreißkalender reißen wir jeden Tag ein Blatt ab. Der Kalender zeigt auch den Monat und das Jahr an. Jedes Jahr hat 12 Monate, 52 Wochen oder 365 Tage. Wir wissen, dass in jedem Jahr am 24. Dezember Heiliger Abend ist. Aber weißt du auch, ob das ein Mittwoch, Donnerstag oder Freitag ist? Und weißt du, ob dein Geburtstag im neuen Jahr auf einen Sonntag fällt? Schau doch im Kalender nach!

Kamel

Das Kamel ist ein Wüstentier. Es kann tagelang ohne Fressen auskommen. Dann zehrt es von dem Fett in seinen Höckern. Das Kamel hält auch zehn Tage lang ohne zu trinken aus. Wenn ein Sandsturm kommt, verschließt es die Nasenlöcher. Kamele dienen zum Reiten und tragen Lasten. Das Dromedar in Afrika hat einen Höcker. Das Trampeltier in Asien hat zwei Höcker.

Kanal

Der Kanal ist eine künstliche Wasserstraße. Er verbindet Flüsse, Seen und Meere. Wenn ein Schiff von einem höher gelegenen Fluss in einen tiefer liegenden Kanal fährt, muss es durch eine Schleuse. Das ist eine Kammer mit zwei Toren. Wenn die Tore geschlossen sind, kann in der Schleuse das Wasser absinken. Das Schiff sinkt mit ab. Dann geht das untere Tor auf und das Schiff fährt weiter.

Känguru

Das Känguru springt mit seinen Hinterbeinen zehn Meter weit. Die Kängurumutter trägt dabei ihr Junges in einem Beutel am Bauch. Das Junge ist bei der Geburt nicht größer als dein kleiner Finger. Im Beutel der Mutter saugt es Milch aus den Zitzen. Wenn es groß genug ist, hüpft es aus der Tasche. Kängurus leben nur in Australien.

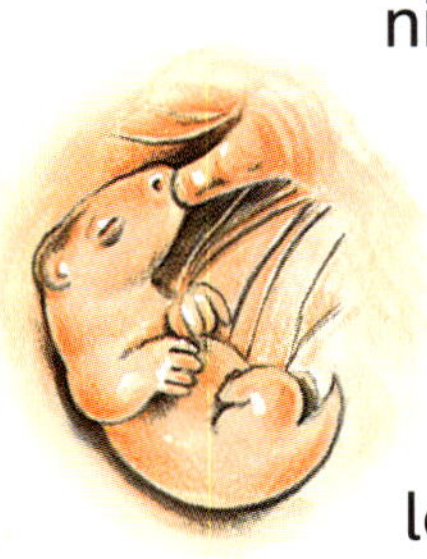

Kartoffel

Die Kartoffel stammt von den Indianern. Sie kam erst vor 500 Jahren zu uns. Heute ist die Kartoffel eines unserer wichtigsten Nahrungsmittel. Kartoffeln kann man kochen oder braten. Man macht daraus Kartoffelbrei, Kartoffelpuffer, Kartoffelklöße und Pommes frites. Wir essen nur die Knolle der Pflanze. Die grünen Teile des Kartoffelstrauchs sind giftig.

Kassettenrekorder

Der Kassettenrekorder spielt von einem Tonband Musik oder ein Hörspiel ab. Dazu musst du eine Kassette in den Rekorder einlegen. Wenn du am Abend im Bett noch eine Geschichte hören willst, benutzt du am besten Kopfhörer. Du kannst mit dem Mikrofon auch selbst eine Kassette besprechen. Dann hörst du deine eigene Stimme auf dem Rekorder.

Kastanie

Die Kastanie gehört zu unseren höchsten Bäumen. Im Herbst liegen viele braune Kastanien darunter. Es sind die Früchte des Kastanienbaumes. Sie wachsen in einer dicken stacheligen Hülle. Wenn die Hülle aufplatzt, fallen die Kastanien heraus. Kastanien lassen sich gut schnitzen. Du kannst viele Dinge damit basteln: Männchen, Körbchen oder Pfeifenköpfe. Schweine fressen gern Kastanien. Es gibt auch Kastanien, die wir gern essen. Sie heißen Maronen und wachsen in warmen Gebieten.

a
b
c
d
e
f
g
h
i
j
K k
l
m
n
o
p
q
r
s
t
u
v
w
x
y
z

Katze

Die Katze ist mit dem Löwen und dem Tiger verwandt. Auch die freundlichste Hauskatze streckt plötzlich ihre Krallen vor und kann heftig kratzen. Wenn sie die Krallen einzieht, schleicht sie wie auf Samtpfoten umher. Dann ist die Katze nicht einmal von der Maus zu hören, die sie fangen will.

Siamkatze

Katzen sehen auch in der Dunkelheit gut. Ihre Augen leuchten nachts grün. Mit ihren Schnurrhaaren fühlt die Katze, ob ein Spalt zum Durchschlüpfen breit genug ist. Katzen klettern auch auf Bäume. Aber sie sind wasserscheu.

Katzen sind richtige Haustiere. Die Kätzin und der Kater leben mit den Menschen. Sie verlassen ihr Zuhause nur für kurze Zeit. Anders als Hunde streunen sie nicht weit umher. Eine Katze lässt sich jedoch niemals so abrichten wie ein Hund. Wenn du zu deiner Katze sagst „Sitz!“, dann setzt sie sich noch lange nicht hin. Sie macht, was sie will.

Kino

Das Kino zeigt Filme auf einer großen Leinwand. Du musst eine Karte an der Kinokasse kaufen und darfst dann in einem Sessel Platz nehmen. Wie bei einer Theaterbühne öffnet sich ein Vorhang und auf der Leinwand erscheinen die bewegten Bilder. Der Film wird im Vorführraum mit Hilfe von Lichtstrahlen auf die Filmleinwand geworfen. Das Filmvorführgerät heißt Projektor.

Kirche

Die Kirche ist in vielen Orten das größte Gebäude. Schon von weitem sieht man den Kirchturm. Hoch oben im Turm läuten die Glocken zum Gottesdienst. Am Sonntag feiern die Gläubigen mit dem Pfarrer in der Kirche die Messe. Der Pfarrer steht am Altar. Die Gläubigen sitzen im Kirchenschiff. Eine sehr große Kirche heißt Dom oder Kathedrale.

Klavier

Das Klavier wird mit Tasten gespielt. Aber es ist ein Saiteninstrument wie die Geige. Wenn man den Klavierdeckel öffnet, sieht man die Metallsaiten. Du schlägst eine weiße oder schwarze Taste an. Dann schnellt ein Hämmerchen im Inneren des Klaviers an eine Saite. Sie fängt an zu schwingen und tönt. Mit dem Fuß trittst du die Pedale. Das ändert den Klang. Ein großes Klavier ist ein Flügel.

vor 60 000 Jahren

Kleidung

Die Kleidung schützt den Körper vor Kälte und Sonne. Die Menschen trugen am Anfang keine Kleidung. Wenn sie froren, hüllten sie sich in Tierfelle. Später spannen sie die Wolle von Schafen zu Garn. Daraus webten sie Stoffe für ihre Kleider. Röcke, Pullover und Anzüge werden heute noch aus Schafwolle hergestellt.

vor 500 Jahren

Wir verwenden für Kleider auch Fasern von Pflanzen. Aus Baumwolle und Leinen macht man Stoffe für Hemden und Blusen. Auch Bluejeans sind aus Baumwolle. Die feinsten Kleider sind aus Seide. Die Fasern dafür liefert die Puppe des Seidenspinners. Wenn sich die Raupe dieses Schmetterlings verpuppt, umwickelt sie sich mit einem seidenen Faden. Heute stellt man auch viele Kunstfasern aus Kohle oder aus Erdöl her.

vor 150 Jahren

Die Menschen legten immer Wert auf schöne Kleider und die Mode änderte sich ständig. Früher waren die Kinder wie Erwachsene gekleidet. Heute gibt es eine eigene Kindermode.

heute

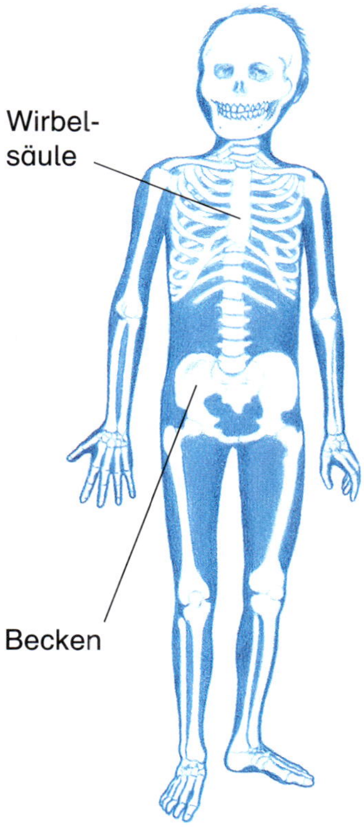

Knochen

Der Knochen wächst im Körper. Wir können einzelne Knochen spüren. Sie sind von Haut und Muskeln bedeckt. Viele sind durch Sehnen mit Muskeln verbunden und beweglich. Alle Knochen zusammen bilden das Skelett. Es ist das Gerüst unseres Körpers. Obwohl Knochen hart sind, können sie brechen. Wenn du dir einen Arm oder ein Bein brichst, bekommst du einen Gipsverband. Der Knochen wird ruhig gestellt, bis er wieder zusammengewachsen ist.

Kohle

Die Kohle lagert tief in der Erde. Sie ist zu Stein gewordenes Holz. Vor vielen Millionen Jahren versanken abgestorbene Bäume im Sumpf. Durch den Druck der Erdkruste wurden sie zu Kohle zusammengepresst. Kohle ist ein wertvoller Rohstoff. Im Bergwerk brechen Bergleute mit großen Maschinen die Steinkohle. Sie kommt auf Förderbändern und mit Aufzügen ans Tageslicht.

König

Der König war früher der höchste Herrscher im Land. Nur ein Kaiser war mehr als ein König. Alle Menschen im Königreich waren Untertanen des Königs. Was der König befahl, musste ausgeführt werden. Heute gibt es nur noch wenige Könige. Sie tragen bei Feiern manchmal noch eine Krone. Aber sie herrschen nicht mehr allein. Eine gewählte Regierung bestimmt, was im Land geschieht. Kennst du ein Land, das noch einen König oder eine Königin hat?

a
b
c
d
e
f
g

Korn

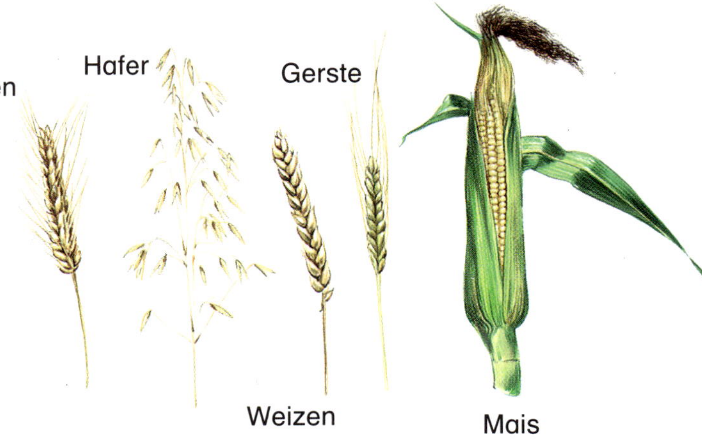

Das Korn heißt auch Getreide. Man bezeichnet damit die Samen von Gräsern. Wir essen vor allem die Körner von Weizen und Roggen. Der Müller mahlt daraus Mehl. Du hast sicher schon andere Körner gegessen, zum Beispiel Reis oder Cornflakes aus Maiskörnern. Haferflocken macht man aus Haferkörnern.

Kraftwerk

Das Kraftwerk liefert uns elektrischen Strom. Er fließt in Leitungen bis in die Häuser. In einem Wasserkraftwerk fällt Wasser aus einem Stausee durch Rohre auf die Turbinen. Das sind riesige Schaufelräder aus Stahl. Das herabstürzende Wasser versetzt sie in Drehung. Die Turbinen drehen wiederum Strommaschinen. Sie heißen Generatoren und arbeiten ähnlich wie der Dynamo am Fahrrad. In Wärme- und Kernkraftwerken dreht Dampf die Turbinen.

p
q
r
s
t
u
v
w
x
y
z

Kran

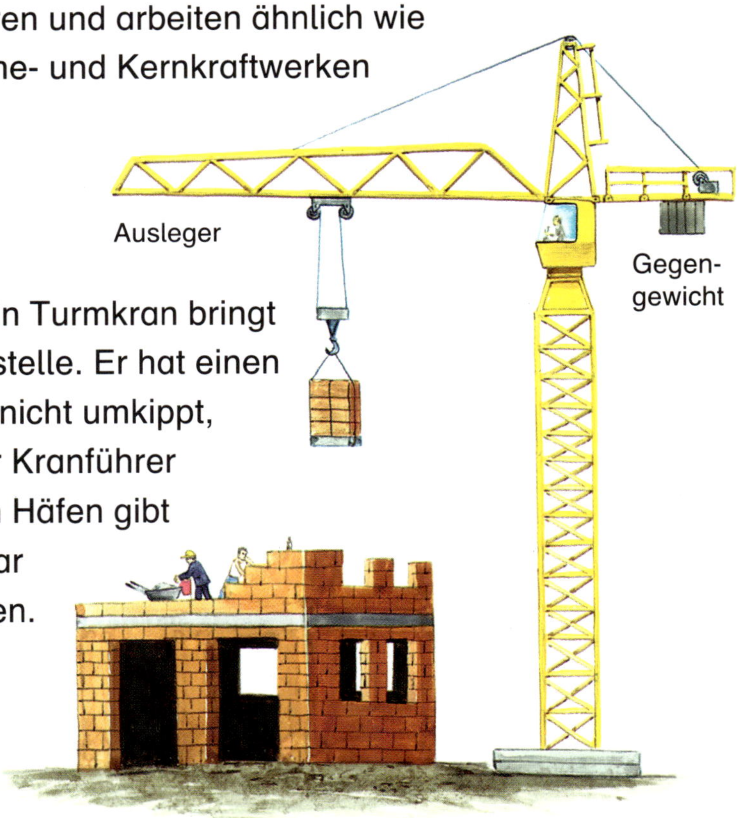

Der Kran hebt schwere Lasten. Ein Turmkran bringt zum Beispiel Backsteine zur Baustelle. Er hat einen langen Ausleger. Damit der Kran nicht umkippt, braucht er ein Gegengewicht. Der Kranführer in der Kabine steuert den Kran. In Häfen gibt es riesige Kräne. Sie können sogar beladene Eisenbahnwagons heben.

a
b
c
d
e
f
g
h
i
j
K k
l
m

Krankenhaus

Das Krankenhaus nimmt Kranke auf. Sie werden dort von Ärzten behandelt und von Krankenschwestern und Pflegern betreut. Wenn sie wieder gesund sind, dürfen sie nach Hause.

Du musst ins Krankenhaus, wenn du ein Bein gebrochen hast. Dann kommt dein Bein in Gips. Wenn du eine Entzündung am Blinddarm hast, wirst du operiert. Die Operation führt ein Chirurg aus. Damit du davon nichts spürst, bekommst du vorher eine Narkose und schläfst ein.

Wenn du wieder aufwachst, liegst du in einem Bett auf der Kinderstation. Du hast einen Verband am Bauch, weil dir der Blinddarm entfernt wurde. In deinem Zimmer sind noch andere Kinder. Eine Krankenschwester versorgt dich. Du bekommst dein Essen ans Bett und Spielsachen. Schon bald kannst du wieder aufstehen und mit den anderen Kindern spielen.

x
y
z

a
b
c
d
e
f
g
h
i
j
K k
l
m
n
o
p
q
r
s
t
u
v

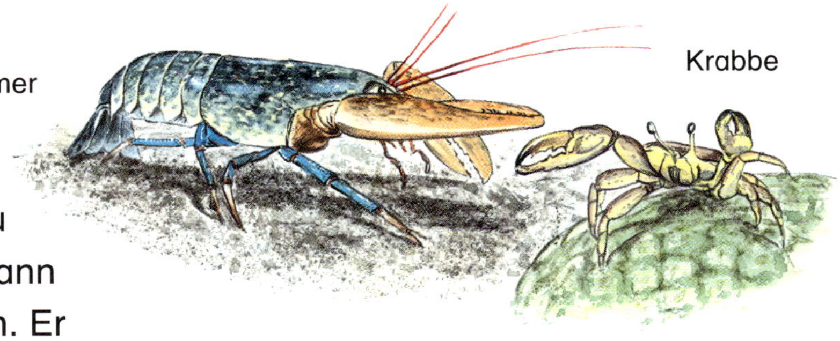

Krebs

Der Krebs hat zehn Beine. Die beiden vordersten sind zu Scheren umgebildet. Damit kann sich der Krebs gut verteidigen. Er benutzt die Scheren auch, um Muscheln, Schnecken und andere Krebse zu knacken und zu fressen. Die meisten Krebse stecken in einer harten Schale. Wenn diese dem Krebs zu eng geworden ist, häutet er sich. Dann wächst ihm ein neuer Panzer. Der größte Krebs ist der Hummer, der kleinste der Wasserfloh.

Krokodil

Das Krokodil sieht aus wie eine riesige Eidechse. Es jagt im Wasser Fische und Schildkröten. Manchmal zieht es auch größere Säugetiere ins Wasser, wenn diese am Ufer trinken. Krokodile greifen sogar Menschen an. Das größte Krokodil lebt am Nil in Afrika. Das Nilkrokodil wird bis zu acht Meter lang. In Amerika leben die Alligatoren. Sie sind kleiner als das Nilkrokodil, aber genauso gefräßig.

Kröte

Die Kröte erscheint uns hässlich. Ihre Haut ist voller Warzen. Sie ist mit dem Frosch verwandt, aber sie kann nicht so gut springen wie er. Kröten sind sehr nützliche Tiere. Sie vertilgen Schnecken, Spinnen und Würmer. Im Frühjahr wandern viele Kröten ans Wasser, um ihre Eier abzulegen. Man sagt, die Kröten laichen.

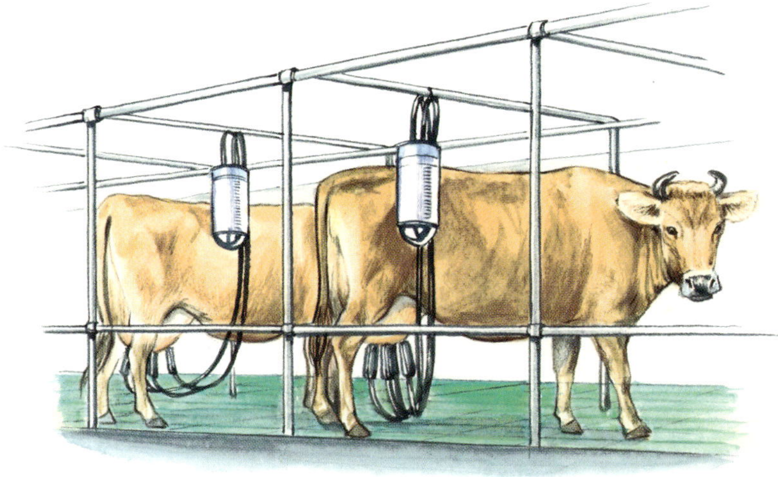

Kuh

Die Kuh ist unser wichtigstes Haustier. Wir bekommen von der Kuh die Milch, aus der man Butter und Käse macht. Eine gute Kuh gibt ungefähr 20 Liter Milch am Tag. Sie muss zweimal täglich mit der Melkmaschine gemolken werden. Früher molk die Bäuerin die Kühe noch mit der Hand. Kühe liefern auch Fleisch und die Haut. Aus der Haut wird Leder gemacht. Einmal im Jahr hat die Kuh ein Junges, das Kalb. Der Stier oder Bulle ist das männliche Rind.

Kühlschrank

Der Kühlschrank dient zur Aufbewahrung von Lebensmitteln und Getränken. Sie werden im Kühlschrank gekühlt, damit sie länger halten. Die ersten Kühlschränke waren dicke Holzkisten, in die man Stangen aus Eis legte. Wenn das Eis geschmolzen war, musste man das Wasser ausschöpfen. Heute laufen Kühlschränke elektrisch. Ein Motor betreibt die Kältemaschine. Wenn es im Kühlschrank zu warm wird, schaltet die Kältemaschine sich automatisch ein.

Landkarte

Die Landkarte zeigt die Oberfläche der Erde. Sie bildet Berge und Täler, Flüsse, Seen und Meere ab. Auf vielen Karten sind auch Straßen, Eisenbahnlinien und Städte dargestellt. Weltkarten zeigen alle Erdteile. Eine Sammlung von Landkarten nennt man Atlas. Der Globus ist eine verkleinerte Nachbildung der Erdkugel. Darauf sieht man die Erdteile und Ozeane im richtigen Größenverhältnis zueinander.

Laus

Blattlaus

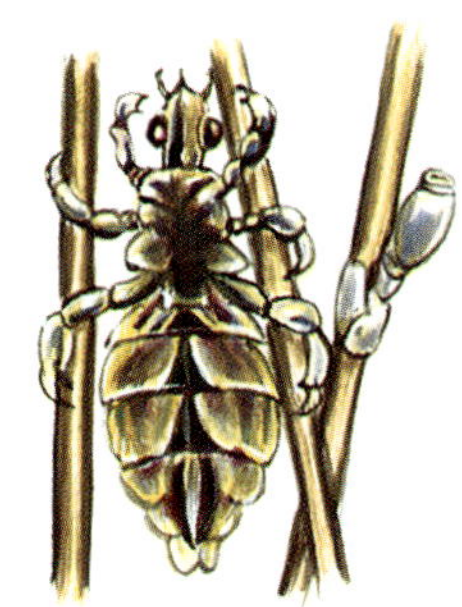
Kopflaus

Die Laus ist ein schädliches Insekt. Alle Läuse leben von anderen Lebewesen. Blattläuse saugen Pflanzensäfte. Auch Tiere haben Läuse. Diese saugen Blut. Manchmal befallen Läuse auch den Menschen. Die Kopflaus nistet sich in den Haaren ein und legt dort ihre Eier ab. Sie beißt und saugt Blut. Das juckt sehr. Um die Läuse loszuwerden, muss man die Haare abschneiden und den Kopf mit einem Läusemittel behandeln.

Lawine

Die Lawine kann aus einem kleinen Schneeball entstehen. Er rollt einen Berg hinunter. Dabei nimmt er immer mehr Schnee mit und wird immer größer. Die Schneemassen rutschen ab und donnern ins Tal. Eine große Lawine kann ein ganzes Dorf begraben. Dann suchen Retter mit Lawinenhunden nach verschütteten Menschen.

Leopard

Der Leopard ist eine Raubkatze. Er lebt in Afrika und Asien. Sein gelbes Fell hat schwarze Flecken. Er ist dadurch im hohen Gras und im Wald gut getarnt. Leoparden schleichen sich lautlos an ihre Beute an. Plötzlich machen sie einen großen Satz – und haben zum Beispiel einen kleinen Affen in den Klauen. Leoparden klettern auch gut und fangen sogar Vögel. Es gibt Leoparden, die ganz schwarz sind. Man nennt sie Panther.

Löwe

Der Löwe ist nach dem Tiger die größte Raubkatze der Erde. Löwen leben in Afrika. Sie jagen viele Tiere. Bei den Löwen jagen fast immer die Weibchen im Rudel. Einige Löwinnen aus dem Rudel greifen zum Beispiel Zebras an. Sie treiben sie in die Richtung, in der die anderen Löwinnen im Hinterhalt lauern. Nicht immer ist die Jagd erfolgreich. Zebras sind viel schneller als Löwen und können ihnen entkommen. Wenn die Beute erlegt ist, erscheint das Männchen, um zuerst zu fressen. Woran erkennst du das Löwenmännchen?

Löwenzahn

Der Löwenzahn hat gezackte Blätter – wie die Zähne eines Löwen. Kennst du noch einen anderen Namen für den Löwenzahn? Er heißt auch Pusteblume. Im Frühjahr hat der Löwenzahn große gelbe Blüten. Daraus bilden sich im Sommer runde weiße Kugeln mit den Samen. Jedes Samenkorn sitzt an einem Fächer. Wenn du in eine solche Kugel hineinpustest, fliegen die Samen wie an einem Fallschirm davon. Wo sie landen, wächst ein neuer Löwenzahn.

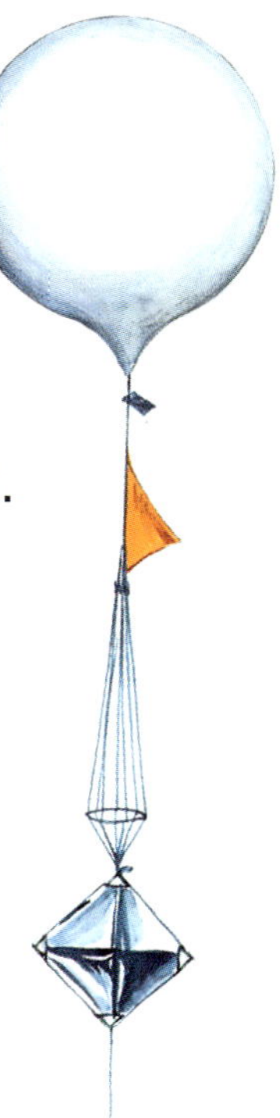

Wetterballon

Luft

Die Luft umgibt die Erde wie ein Mantel. Sie ist ein unsichtbares Gas. Aber wir können sie spüren, wenn der Wind weht. Die Luft hat auch ein Gewicht. Es drückt auf uns und alle Dinge auf der Erde. Was leichter ist als Luft, kann nach oben steigen. Ein mit leichterem Gas gefüllter Wetterballon bringt Messgeräte hoch in die Lufthülle der Erde. Alle Lebewesen brauchen Luft zum Atmen. Ein Taucher trägt eine Flasche voll Sauerstoff mit sich. Er bekommt dann auch unter Wasser Luft.

Lunge

Die Lunge dient zum Atmen. Sie liegt in der Brust. Beim Einatmen fließt die Luft durch die Luftröhre in die Lunge. Die Lungenbläschen entnehmen der Luft den Sauerstoff. Das Gas wird an das Blut weitergegeben. Jede Zelle unseres Körpers braucht Sauerstoff. Die Zellen geben Kohlendioxid an das Blut ab. Dieses Gas wird beim Ausatmen von der Lunge herausgepresst.

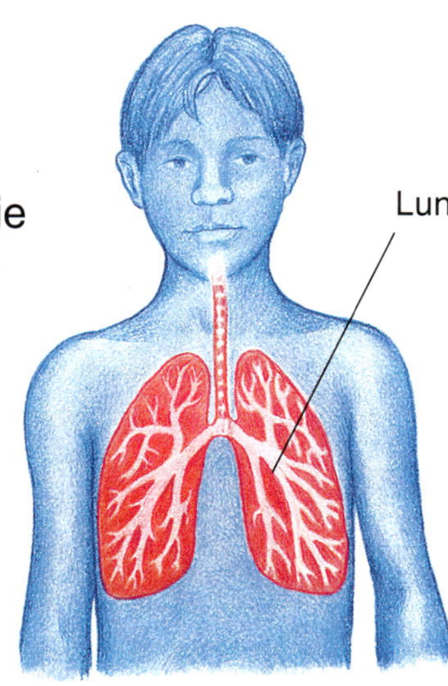

Magen

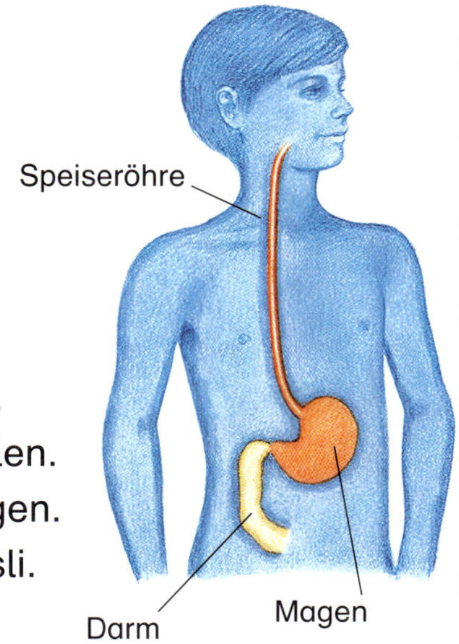

Der Magen knurrt, wenn du Hunger hast. Der Muskelsack im Bauch zieht sich zusammen. Du musst essen. Die Nahrung rutscht durch die Speiseröhre in den Magen. Dort wird sie weiter zerkleinert. Der Nahrungsbrei wandert nun vom Magen in den Darm und wird hier weiter verdaut. Die Nährstoffe gelangen ins Blut und zu den Zellen. Die Speisen bleiben unterschiedlich lang im Magen. Gänsebraten ist schwerer verdaulich als ein Müsli.

Magnet

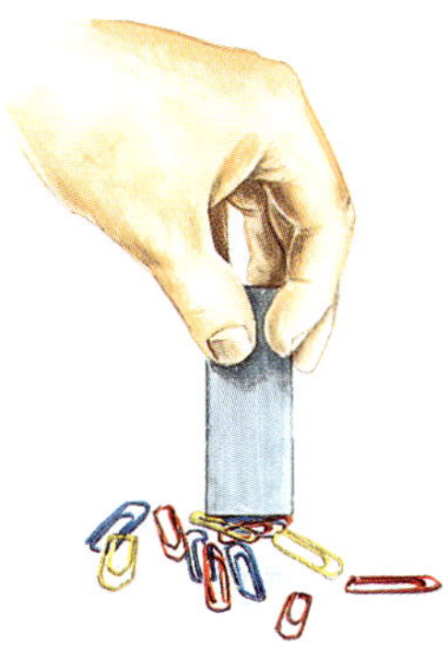

Der Magnet zieht Eisen an. Jeder Magnet hat einen Nordpol und einen Südpol. Zwischen beiden Polen besteht ein Kraftfeld. Der Nordpol eines Magnets zieht immer den Südpol eines anderen Magnets an. Magnete stoßen sich auch gegenseitig ab. Bewege einmal den Nordpol eines Magnets auf den Nordpol eines anderen! Auch die Erde ist ein Magnet. Die Magnetnadel in einem Kompass zeigt deshalb immer zum Nordpol. So weiß man stets, wo Norden ist, und verirrt sich nicht.

Märchen

Das Märchen erzählt eine Geschichte, die es nur in der Fantasie gibt. Märchen handeln von verwunschenen Prinzen und Prinzessinnen, von Riesen und Zwergen, von Hexen und Feen und Zauberern. Alle Kinder lieben Märchen. In jedem Land werden Märchen erzählt, die sich oft ähnlich sind. Was ist dein Lieblingsmärchen?

Marder

Der Marder ist ein Raubtier. Er hat einen langen buschigen Schwanz. Im Wald lebt der braune Baummarder. Er hat einen gelben Fleck auf der Brust. Baummarder jagen Vögel und fressen auch deren Eier. Der Steinmarder hat eine weiße Brust. Er lebt nahe bei den Häusern. Zum Schlafen kriecht er manchmal in den noch warmen Motorraum eines Autos.

Markt

Der Markt ist ein Verkaufsort. Auf dem Obst- und Gemüsemarkt verkaufen Händler ihre Waren. Auf dem Wochenmarkt bieten auch Gärtner und Bauern aus der Umgebung Gemüse, Käse, Eier, Gänse und Hühner an. In Städten gibt es einen Großmarkt. Hier werden täglich Mengen frischer Waren angeliefert. Lastautos bringen in der Nacht Kisten mit Obst und Gemüse. Kühlautos liefern Fleisch und Fisch. Auf Großmärkten kaufen nur Händler ein. Die Waren verkaufen sie dann in ihrem Laden an die Kunden. Es gibt noch andere Märkte. Auf einem Flohmarkt bieten die Leute gebrauchte Sachen an, die sie nicht mehr benötigen.

Maulwurf

Der Maulwurf lebt unter der Erde. Weil es dort dunkel ist, hat er nur winzige Knopfaugen. Maulwürfe fressen Würmer, Maikäferlarven und andere Insekten im Boden. Sie legen einen Bau an und graben viele Gänge. Ihre Vorderpfoten setzen sie dabei wie Schaufeln ein. Wenn Maulwürfe an die frische Luft wollen, stoßen sie nach oben. Dabei werfen sie einen Maulwurfshügel auf. Warum wird der Bauer wohl ärgerlich, wenn seine Wiese voller Maulwurfshügel ist?

Rennmaus

Maus

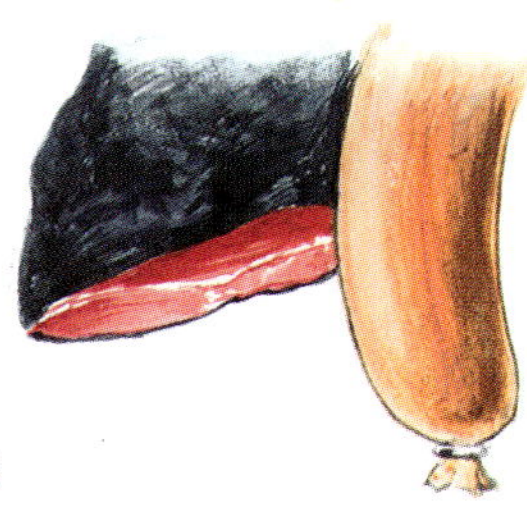

Die Maus knabbert alles an und frisst die Vorräte auf. Mäuse vermehren sich sehr stark. Sie bekommen oft über acht Junge, und das mehrmals im Jahr! Deshalb stellen die Menschen Mausefallen auf. Sie legen Speck und Käse hinein, um die Maus zu fangen. Doch die Nagetiere sind schlau. Sie fressen den Speck, aber die Falle schnappt oft nicht zu.

Neben der Hausmaus gibt es noch die Feldmaus. Sie frisst das Getreide auf den Feldern und richtet so großen Schaden an. Die Haselmaus frisst am liebsten Haselnüsse. Man bekommt sie aber nur selten zu Gesicht. Manche Kinder halten sich weiße Mäuse. Diese werden sehr zahm. Auch die Rennmäuse aus der Wüste sind beliebte Heimtiere.

Hausmaus

Feldmaus

Meer

Das Meer bedeckt drei Viertel der Erde. Die drei größten Meere nennt man Ozeane. Aus einem Raumschiff sieht man auf der einen Seite der Erde fast nur Wasser. Der größte Ozean ist der Pazifische Ozean. Die beiden anderen Ozeane heißen Atlantischer Ozean und Indischer Ozean.

Die Ozeane sind so tief, dass die höchsten Gebirge darin versinken würden. Vom Meeresgrund ragen selbst riesige Gebirge auf. Wo die Spitzen dieser Gebirge aus dem Wasser schauen, sehen wir eine Insel.

Das Meer ist salzig. In einem Glas Meerwasser ist ein Teelöffel Salz gelöst. Im Meer leben die meisten und die größten Tiere. Es gibt aber nicht nur Fische. Meeresbewohner sind auch Muscheln und Korallen, Krebse, Schnecken und Tintenfische. Auch Säugetiere leben im Meer. Dazu zählen die Wale und Delfine.

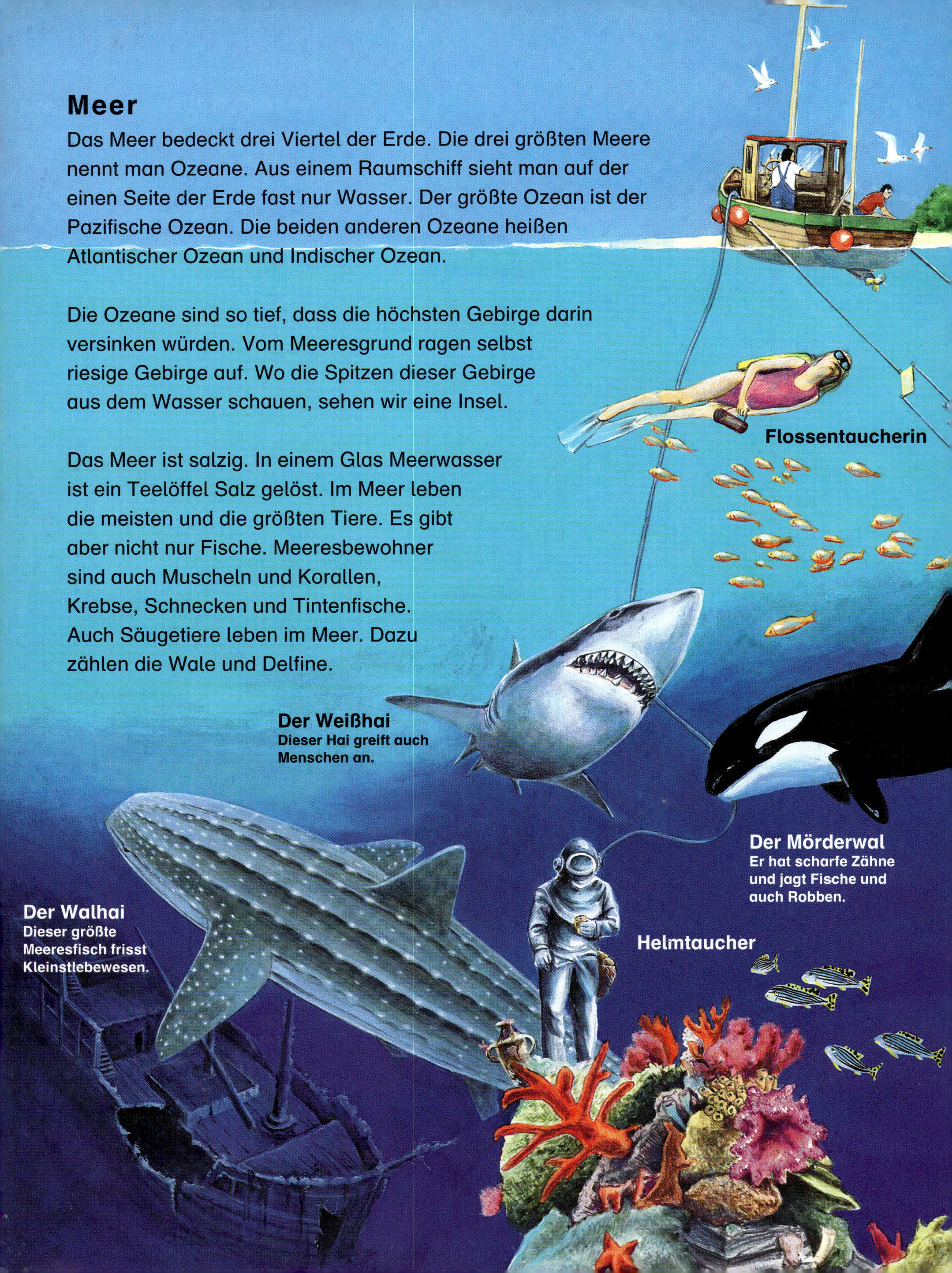

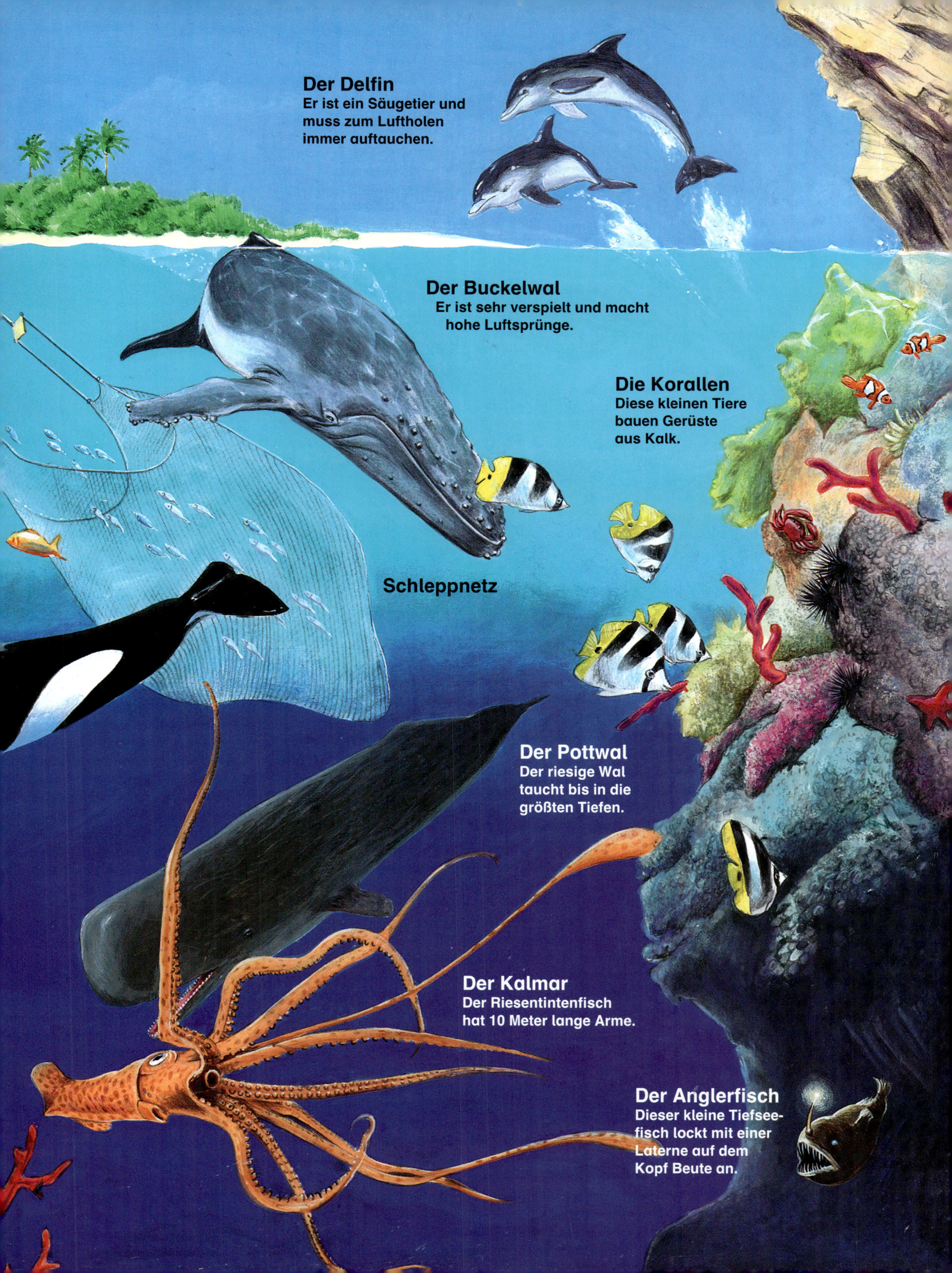
Der Delfin
Er ist ein Säugetier und muss zum Luftholen immer auftauchen.
Der Buckelwal
Er ist sehr verspielt und macht hohe Luftsprünge.
Die Korallen
Diese kleinen Tiere bauen Gerüste aus Kalk.
Schleppnetz
Der Pottwal
Der riesige Wal taucht bis in die größten Tiefen.
Der Kalmar
Der Riesentintenfisch hat 10 Meter lange Arme.
Der Anglerfisch
Dieser kleine Tiefsee-fisch lockt mit einer Laterne auf dem Kopf Beute an.

Meerschweinchen

Das Meerschweinchen ist ein Nagetier wie der Goldhamster. Mit dem Schwein ist es nicht verwandt. Viele Kinder halten es als lustigen Spielgefährten in einem Käfig. Meerschweinchen sind anspruchslos. Sie fressen gern Mais und Haferflocken, Möhren und Salat. Und sie brauchen täglich frisches Wasser.

Meise

Die Meise gehört zu unseren Singvögeln. Die Meisen kommen im Winter an das Futterhäuschen. Du siehst dann vor allem Blaumeisen und Kohlmeisen. Manchmal kommt auch eine Haubenmeise dazu. Meisen fressen besonders gerne Sonnenblumenkerne. Mit ihren langen Krallen halten sie sich an Zweigen fest. Oder sie turnen kopfunter am Futternetz.

Melone

Die Melone ist eine riesige Beere. Melonen zählen zu den Kürbisgewächsen. Am größten ist die grüne Wassermelone. Sie wird oft größer als ein Fußball. Wenn du sie anschneidest, siehst du das saftige rote Fruchtfleisch mit den schwarzen Kernen darin. Eine gekühlte Wassermelone ist im Sommer eine Erfrischung. Süßer schmeckt die gelbe Honigmelone.

Mensch

Der Mensch geht aufrecht auf zwei Beinen. Das unterscheidet ihn von den Tieren. Der größte Unterschied zwischen Mensch und Tier ist aber das menschliche Gehirn. Menschen können denken. Tiere können das nicht.

vor 800 000 Jahren

vor 100 000 Jahren

Manche Leute meinen, der Mensch stamme vom Affen ab. Das stimmt so aber nicht. Die Menschenaffen sind nur unsere nächsten Verwandten. Vor etwa vier Millionen Jahren entwickelte sich der Mensch neben dem Affen. Der Mensch war damals am ganzen Körper noch stark behaart. Allmählich wuchsen ihm immer weniger Haare. Heute sind die Menschen fast unbehaart.

Frauen und Männer unterscheiden sich äußerlich. Männer haben einen Penis und Hoden, Frauen eine Scheide. Auch ihr Körperbau ist verschieden. Jungen sind meist kräftiger und haben mehr Muskeln. Mädchen bekommen breitere Hüften und einen Busen. Mit etwa 16 Jahren sehen Jugendliche oft schon wie Erwachsene aus.

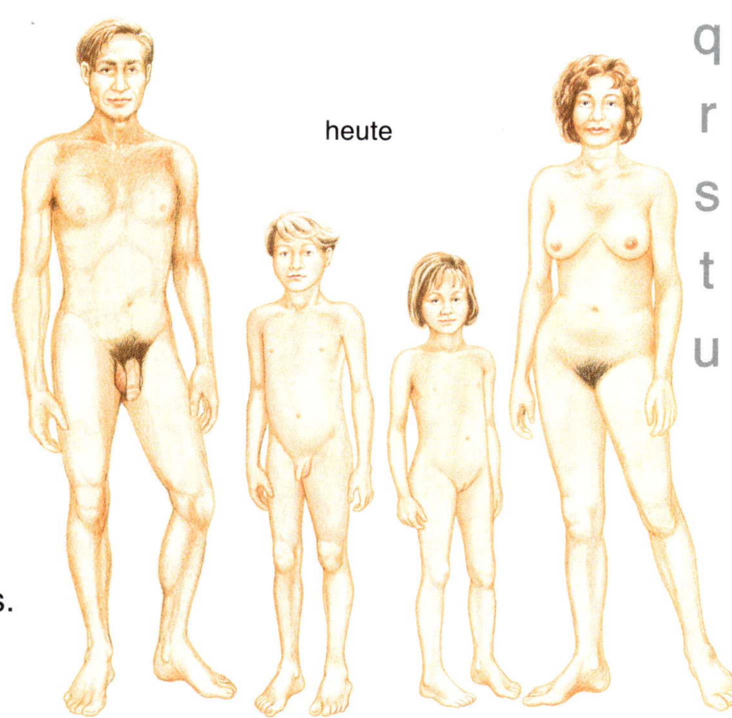

heute

Metermaß

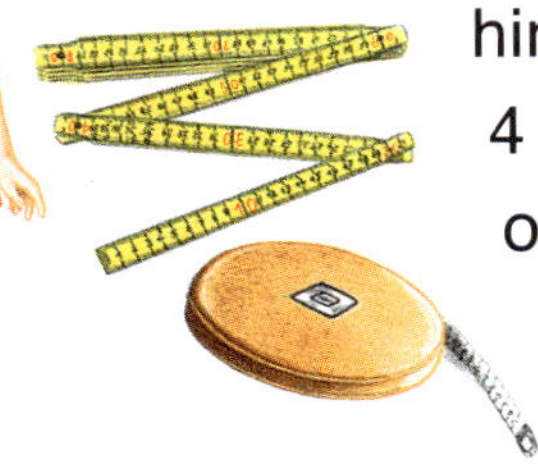

Das Metermaß dient dazu, Längen zu messen. Man kann dafür einen Meterstab von 1 Meter Länge verwenden. Wenn du ihn in deinem Zimmer viermal hintereinander legen kannst, ist es genau 4 Meter lang. 1 Meter hat 100 Zentimeter oder 1000 Millimeter. Mit dieser Einteilung misst man Längen, die kürzer sind als 1 Meter. Längere Strecken werden mit dem Bandmaß gemessen. Es ist meist 25 Meter lang. 1000 Meter sind 1 Kilometer.

Metzgerei

Die Metzgerei verkauft Fleisch und Wurst. In manchen Gegenden sagt man deshalb auch Fleischerei. Der Fleischermeister oder Metzger schlachtet die Tiere meist selbst. Dann zerlegt er das Fleisch. Er macht aus dem Fleisch auch die verschiedenen Wurstwaren.

Mikroskop

Das Mikroskop ist ein Vergrößerungsgerät. Man kann damit winzige Dinge deutlich sehen. Mikroskope vergrößern oft hundertfach oder tausendfach. Riesige Elektronenmikroskope vergrößern sogar Millionen Mal. In ein einfaches Mikroskop sind mehrere Vergrößerungsgläser eingebaut. Wenn du einen Wassertropfen unter das Mikroskop legst und hindurchschaust, wirst du dich wundern. Du siehst viele Tierchen darin. Mit Mikroskopen haben Forscher viele Krankheitserreger entdeckt.

Mond

Der Mond ist der erdnächste Himmelskörper. Er wandert um die Erde. Alle vier Wochen leuchtet er als große runde Scheibe am Himmel. Dann ist Vollmond. Danach wird der Mond täglich kleiner. Nach zwei Wochen ist nur noch eine schmale Sichel sichtbar. Schließlich verschwindet der Mond ganz. Jetzt ist Neumond. Bald erscheint wieder eine schmale Sichel. Nun nimmt der Mond wieder täglich zu, bis er als Vollmond am Himmel steht. Der Mond leuchtet nicht selbst. Er wird wie die Erde von der Sonne angestrahlt.

Moos

Das Moos bildet weiche Polster auf dem Waldboden. Es besteht aus kleinen Pflänzchen, die ganz dicht beieinander stehen. Moose gedeihen überall, wo es feucht ist. Sogar auf Hausdächern wachsen Moospflanzen. Wenn es regnet, saugt sich das Moos wie ein Schwamm voll Wasser. So hält es den Waldboden feucht. Wir sammeln Moos für das Osternest.

Motorrad

Das Motorrad ist ein Kraftfahrzeug. Es fährt wie ein Auto mit Benzin. Starke Motorräder sind oft viel schneller als Autos. Sie müssen auch am Tag das Licht einschalten. Motorrad fahren ist trotzdem gefährlich. Man kann leicht stürzen. Die Fahrer müssen zu ihrem Schutz einen Sturzhelm und Motorradkleidung tragen.

a b c d e h i j k l Mm n o p q r s t u v w x y z

Müllabfuhr

Die Müllabfuhr bringt den Abfall weg. Dazu fährt das Müllauto durch die Straßen und die Müllmänner leeren die Abfalltonnen. Dieser Hausmüll wird auf Trennsieben sortiert. Alles Unbrauchbare kommt in die Müllverbrennungsanlage oder auf die Müllhalde.

Die wieder verwertbaren Abfälle sammeln wir im Haushalt getrennt. Alle Überreste von Gemüse und Obst kommen in die Biotonne. Diese Abfälle bringt ein Müllauto in eine Kompostieranlage. Dort verrotten sie zu Humus. Das ist fruchtbare Erde. Wer einen Garten hat, kann seinen Biomüll auf den Komposthaufen werfen.

Dosen, Flaschen, Plastik und Altpapier wirft man getrennt in Müllcontainer. Das Glas wird eingeschmolzen und man macht aus der Schmelze neue Flaschen. Auch aus altem Papier kann man neues herstellen. Und aus Blechdosen gewinnt man wieder Metall. So wird vieles wieder verwertet. Man nennt das Recycling. Dadurch gehen wertvolle Rohstoffe nicht verloren. Am besten ist es aber, Müll zu vermeiden.

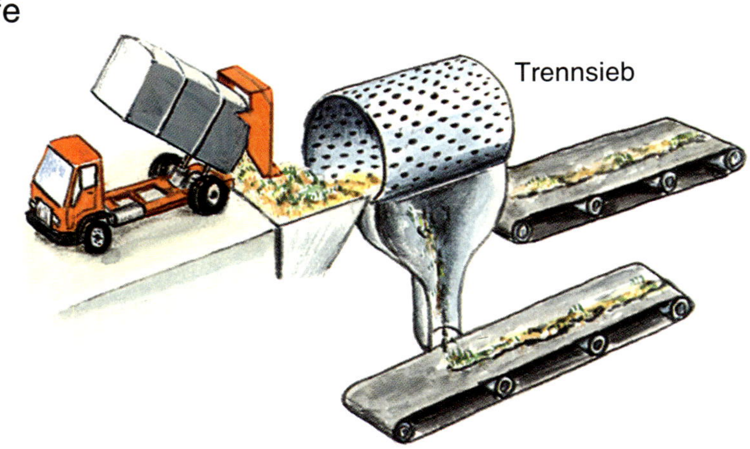

Muschel

Die Muschel hat zwei Schalen. Die meisten Muscheln leben im Meer und sitzen fest. Nur selten lösen sie sich vom Untergrund. Du hast sicher schon Muschelschalen am Strand gefunden. Lebende Muscheln halten ihre Schalen mit ihren Muskeln fest zu. Sie saugen Wasser ein und fressen die winzigen Tierchen darin. Am größten ist die Riesenmuschel. Sie wiegt so viel wie drei Menschen. Wenn ein Taucher zwischen ihre Schalen gerät, kann sie ihm ein Bein abzwicken. In manchen Muscheln wachsen Perlen.

Pilgermuschel

Riesenmuschel

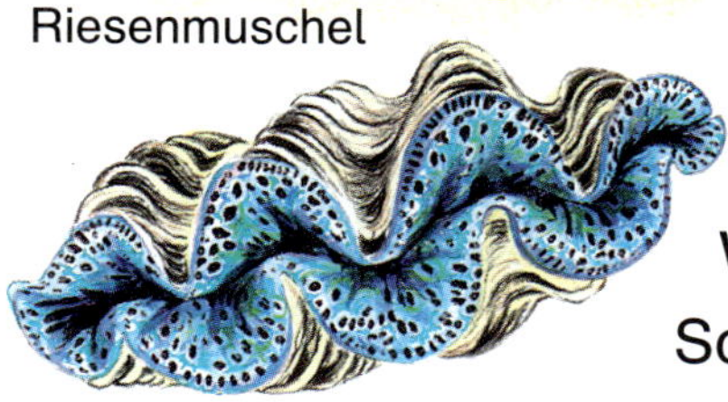

Perlmuschel

Museum

Das Museum stellt Gegenstände aus. In einem Kunstmuseum kannst du zum Beispiel Gemälde und Figuren aus Holz oder Stein anschauen. Die Figuren nennt man Plastiken. Ein Verkehrsmuseum zeigt alte Autos, Eisenbahnen und Flugzeuge. In einem Naturkundemuseum siehst du Modelle und Skelette von Dinosauriern. Es gibt noch sehr viele andere Museen. Welche hast du schon besucht?

Musik

Die Musik ist eine Sprache, die man auf der ganzen Welt versteht. Sie drückt sich in Tönen und Klängen aus. Man kann Musik sogar aufschreiben. Dafür gibt es eine Notenschrift. Musiker können sie lesen und danach auf ihren Instrumenten spielen. Fast alle Musikstücke haben eine Melodie und einen Rhythmus. Die Melodie gibt die Folge der Töne an, der Rhythmus ihre Dauer und Betonung. Tanzmusik ist eine rhythmische Musik. In einem großen Orchester spielen alle Arten von Musikinstrumenten zusammen. Welche Musikinstrumente spielt die Band auf dem Bild?

Muskel

Der Muskel kann sich zusammenziehen oder strecken. Alle Bewegungen unseres Körpers werden von Muskeln ausgeführt. Wenn wir den Arm ausstrecken, bewirkt dies der Strecker am Oberarm. Wollen wir den Arm beugen, macht dies der Beuger. Auch das Herz ist ein Muskel. Er pumpt das Blut durch den Körper. Viele Muskeln können wir steuern. Wenn wir gehen wollen, befiehlt unser Gehirn den Beinmuskeln „Gehen!“. Wenn wir den Kopf drehen, kommt der Befehl dazu vom Gehirn. Die Befehle laufen durch Nervenbahnen blitzschnell zu den Muskeln.

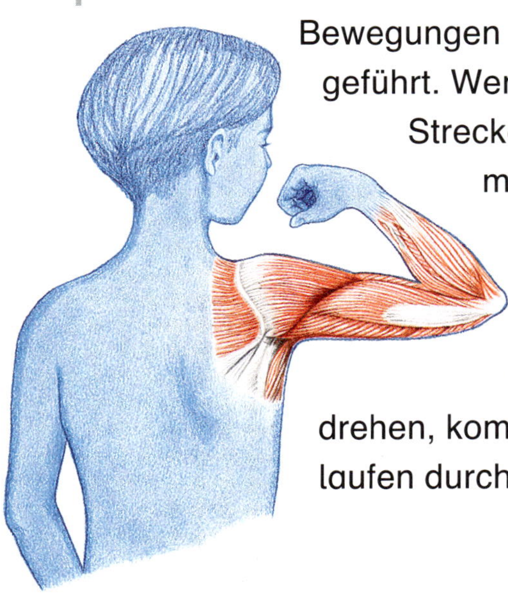

Nase

Die Nase läuft, wenn du erkältet bist. Dabei hat sie keine Beine, aber zwei Flügel. Das sind die Außenwände der Nasenlöcher. Durch diese strömt Luft in die Nase. In der Luft sind Duftstoffe enthalten. Sie gelangen auf die Riechschleimhaut. Dort melden Riechzellen den Duft an das Gehirn. Es stellt fest, ob etwas gut riecht oder ob es stinkt. Unser Geruchssinn ist viel feiner als der Geschmackssinn. Deshalb schmeckst du auch fast nichts, wenn du erkältet bist.

Nebel

Der Nebel ist Wasserdampf. Er liegt im Herbst oft dicht über dem Land. In der Nähe von Flüssen und Seen steigen feinste Wassertröpfchen auf. Wenn sich die Luft abkühlt, bilden sich niedrige Wolken. Manchmal herrscht so dichter Nebel, dass wir nicht weit sehen können. Autofahrer schalten dann die Nebelscheinwerfer ein. Schiffe tuten mit dem Nebelhorn.

Nerven

Die Nerven sind Leitungen im Körper. Wenn du dir zum Beispiel die Finger verbrennst, spürst du einen Schmerz. Dann läuft von einer Nervenzelle ein Reiz durch die Nervenbahnen und das Rückenmark zum Gehirn. Das Gehirn ist die Zentrale. Von dort kommt der Befehl, die Finger zurückzuziehen. Ein Muskel führt die Bewegung sofort aus. Alles geschieht automatisch und sehr schnell, ohne dass wir darüber nachdenken.

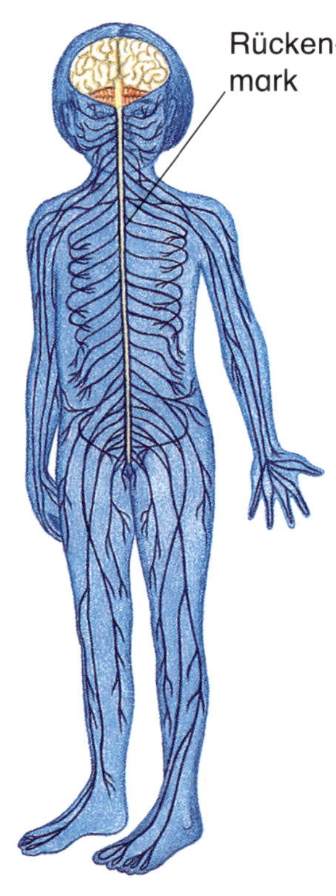

Pirol am Nest

Nest

Das Nest ist die Wiege für junge Vögel. Die Vogeleltern bauen ein Nest, bevor das Weibchen Eier legt. Oft polstern sie das Nest mit Moos und Federn aus. Dann werden die Eier ausgebrütet. Die meisten Jungen bleiben im Nest und werden gefüttert, bis sie fliegen können. Nester sind meist keine Wohnungen für ausgewachsene Vögel. Diese schlafen nachts auf einem Baum. Auch Ameisen und Eichhörnchen bauen Nester.

Niere

Die Niere reinigt das Blut. Jeder Mensch hat zwei etwa faustgroße Nieren. Sie liegen zu beiden Seiten der Wirbelsäule und sehen aus wie Bohnen. Wenn das Blut durch die Nieren fließt, werden Abfallstoffe herausgefiltert. Zusammen mit Wasser gelangen sie in die Blase. Sobald die Blase voll ist, müssen wir Wasser lassen. Dann fließt der Urin aus dem Körper.

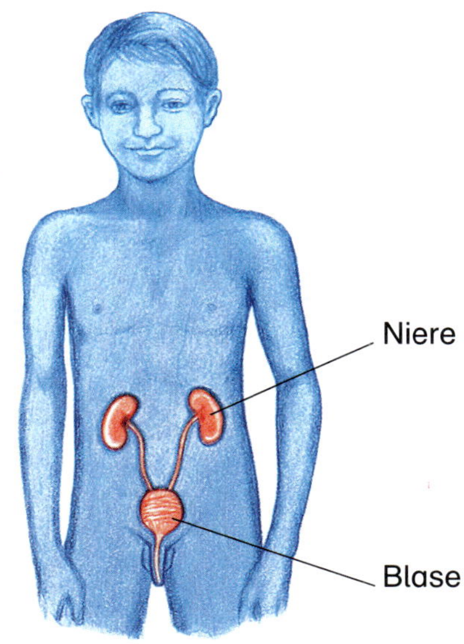

Notruf

Der Notruf lautet 110. Wenn du diese Telefonnummer wählst, bist du mit der Polizei verbunden. Sie kommt im Notfall sofort. Die Notrufnummer der Feuerwehr ist 112. Bei einem Brand muss man diese Nummer wählen. An der Autobahn stehen Notrufsäulen. Wenn man die Klappe anhebt, meldet sich eine Notrufzentrale. Sie schickt bei einem Unfall sofort Hilfe.

Obst

Das Obst schmeckt gut und ist gesund. Es enthält lebenswichtige Vitamine. Alle Früchte von Bäumen und Sträuchern gehören zum Obst. Äpfel und Birnen bezeichnet man als Kernobst. Sie enthalten ein Kerngehäuse mit den Samen. Zwetschgen, Aprikosen und Pfirsiche nennt man Steinobst. Sie haben einen harten Kern, in dem der Same liegt. Kennst du noch anderes Obst?

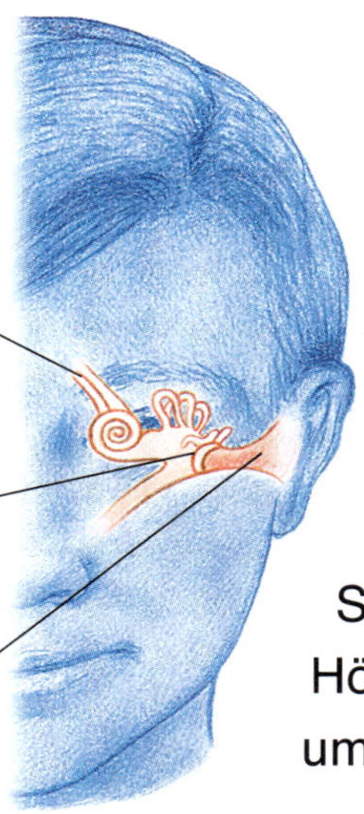

Ohr

Das Ohr dient zum Hören. Es reicht weit in den Kopf hinein. Die äußere Ohrmuschel fängt die Schallwellen auf. Diese gelangen durch den Gehörgang auf das Trommelfell. Es beginnt dann zu schwingen wie das gespannte Fell einer Trommel. Dadurch entstehen Reize im Innenohr. Sie werden vom Hörnerv zum Gehirn geleitet. Im Hörzentrum des Gehirns wird festgestellt, ob es sich um ein Geräusch, um Sprache oder um Musik handelt.

Öl

Das Öl ist flüssiges Fett. Viele Öle stammen von Pflanzen. Das beste Speiseöl liefern die Früchte des Ölbaums, die Oliven. Auch aus den Kernen von Sonnenblumen und Kürbissen gewinnt man Öl. Ein Öl, das man nicht essen kann, ist das Erdöl. Es wird aus den Gesteinsschichten der Erde gebohrt und ist ein wichtiger Rohstoff. Aus Erdöl macht man Schmierstoffe und Benzin, Farben und Lacke. Man stellt daraus auch Kunststoffe, Gummi, Waschmittel und Cremes her.

a b c d e f g h i j k l m n **O o** p q r s t u v w x y z

Ölpest

Die Ölpest ist ein großes Unglück. Wenn ein Öltanker im Meer sinkt, fließen große Mengen von Erdöl aus. Es verbindet sich mit dem Salz des Meeres zu einem klebrigen Stoff. Fische können unter der Öllache nicht mehr atmen. Sie ersticken. Wasservögeln verklebt das Öl die Federn. Sie können nicht mehr schwimmen oder fliegen und sterben. Noch lange nach einer Ölpest ist das Meer verseucht und die Strände sind verschmutzt.

Olympische Spiele

Die Olympischen Spiele finden alle vier Jahre statt. Dazu treffen sich Sportler und Sportlerinnnen aus aller Welt. Zur Eröffnung wird die olympische Flamme entzündet und die olympische Flagge gehisst. Bei den Sommerspielen messen sich die Sportler im Laufen, Springen, Schwimmen, Fußball, Reiten und anderen Sportarten. Olympiasieger bekommen eine Goldmedaille. Es gibt auch olympische Winterspiele.

Osterfest

Das Osterfest wird jedes Jahr im Frühling gefeiert. Die kleinen Kinder freuen sich auf den Osterhasen. Er legt ihnen viele bunte Eier und Schokoladenhasen ins Osternest. Die Eier sollen daran erinnern, dass nach dem Winter die Natur neu erwacht. Die Christen feiern an Ostern die Auferstehung Jesu.

Palme

Die Palme hat einen Stamm ohne Äste. Am Ende sitzen die langen Palmwedel wie ein Schopf. Palmen wachsen nur in warmen Ländern. Manche liefern uns Früchte. Von der Dattelpalme stammen die Datteln, von der Kokospalme die Kokosnüsse. Die Kokosnuss wird bis zu zwei Kilogramm schwer. Aus dem fettreichen weißen Fleisch der Nuss macht man Öl.

Papagei

Der Papagei lebt im Urwald. Dort fliegen viele bunte Papageien umher. Sie fressen Früchte. Mit ihrem krummen Schnabel knacken sie auch dicke Nüsse. Manche Leute halten einen Papagei im Käfig. Die Vögel plappern Wörter nach, die man ihnen lange genug vorspricht. Manche schreien „Guten Tag", wenn jemand kommt. Wusstest du, dass Papageien bis zu 100 Jahre alt werden?

Papier

Das Papier hat man vor 2000 Jahren in China erfunden. Um Papier herzustellen, wird Holz in feine Schnipsel zerkleinert. Dann gießt man Wasser und Leim dazu. Der Papierbrei wird mit einem feinen Sieb abgeschöpft. Sobald das Wasser abgetrocknet ist, hat man grobes Papier. Es wird noch geglättet. Heute stellt man Papier in bis zu hundert Meter langen Maschinen her. Am Ende der Maschine wird das fertige Papier aufgerollt.

a b c d e f g h i l m n o P p q r s t u v w x y z

Pferd

Das Pferd ist ein Nutztier. Früher zogen Pferde Kutschen und Wagen und sogar Straßenbahnen. Dann wurde das Auto erfunden. Seitdem dienen Pferde fast nur noch zum Reiten. Viele Kinder dürfen reiten lernen.

Ein Pferd braucht viel Pflege. Nach dem Ausreiten muss das Fell gebürstet und gestriegelt werden. Mit dem Striegel und dem Schwamm entfernst du den gröbsten Schmutz. Lass dir dabei von einem Pferdepfleger helfen. Die Bürste oder Kardätsche dient dazu, das Fell zu bürsten. Dein Pferd mag das und sein Fell glänzt danach.

Du bringst deinem Pferd sicher eine Rübe oder einen Apfel mit. Pferde sind Schleckermäuler. Natürlich weißt du auch, dass Ponys keine jungen Pferde sind. Wenn ein Hengst und eine Stute ein Junges haben, ist das ein Fohlen. Ponys sind kleine Pferde und eine eigene Pferderasse.

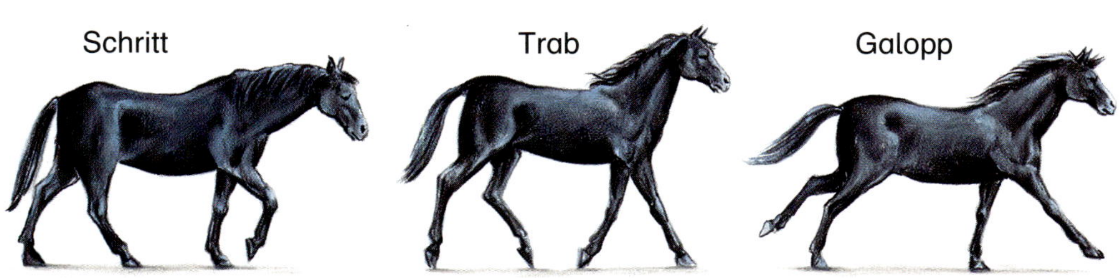

Pfingstfest

Das Pfingstfest findet 50 Tage nach Ostern statt. Dann blühen meist schon die Pfingstrosen. Pfingsten ist das letzte große Kirchenfest vor Weihnachten. Es dauert zwei Tage, genau wie Ostern und Weihnachten.

Pille

Die Pille ist ein Arzneimittel. Sie ist aber keine Tablette. Pillen haben einen glatten Überzug. Dadurch kann man sie leichter schlucken: Sie rutschen besser durch den Hals. Tabletten lösen sich leicht im Mund auf und schmecken oft scheußlich. Deshalb überzieht man die bittere Arznei mit einem Stoff, der angenehm schmeckt.

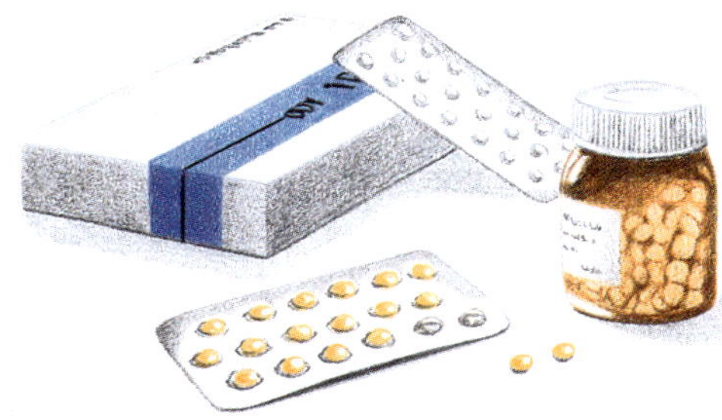

Pilz

Der Pilz ist eine Pflanze. Er hat aber keine grünen Blätter. Pilze können deshalb keine Nährstoffe herstellen wie andere Pflanzen. Sie leben meist von abgestorbenen Lebewesen. Hast du schon einmal Pilze auf Bäumen gesehen? Sie holen ihre Nährstoffe aus dem Baum. Im Wald wachsen viele Pilze. Manche schmecken gut. Es gibt aber Pilze, die sehr giftig sind. Dazu zählen der Knollenblätterpilz und der Fliegenpilz. Der Schimmel am Brot ist auch ein giftiger Pilz. Feine Speisepilze sind der Champignon, der Steinpilz, die Morchel und der Pfifferling.

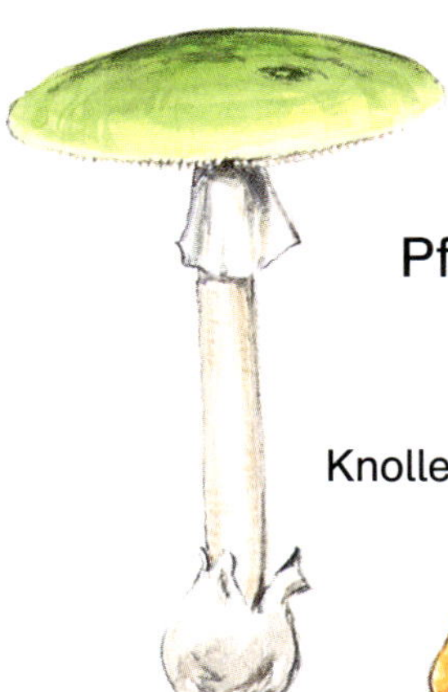

Knollenblätterpilz

Pfifferling

Morchel

Champignon

Steinpilz

Fliegenpilz

a
b
c
d
e
f
g
h
i
j
k
l
m
n
o
P p
q
r
s
t
u
v
w
x
y
z

Pinguin

Der Pinguin ist ein Vogel. Dennoch kann er nicht fliegen. Die Pinguine leben im kalten Süden der Erde. Die meisten gibt es am Südpol. Im Wasser bewegen sich die Pinguine schnell wie Fische. Wenn sie mit ihren Ruderfüßen auf dem Land herumwatscheln, sieht das komisch aus. Pinguine bauen keine Nester wie andere Vögel. Die Eltern brüten das einzige Ei im Stehen auf ihren Füßen aus.

Pirat

Der Pirat ist ein Seeräuber. Die Piraten überfielen früher Schiffe mit wertvoller Ladung an Bord. Hatten sie ein solches Schiff eingeholt, dann warfen sie die Enterhaken. Damit konnten sie das überfallene Schiff zu sich heranziehen. Nun versuchten sie mit Tauen und Strickleitern an Bord zu kommen. Die Schiffsmannschaft verteidigte sich und kämpfte um ihr Schiff und ihr Leben. Doch die Piraten blieben oft Sieger. Nachdem sie das Schiff ausgeraubt hatten, setzten sie es meist in Brand.

Polizei

Polizeizentrale

Die Polizei hat viele Aufgaben. Sie hilft den Bürgern und sorgt dafür, dass niemand zu Schaden kommt. Verkehrspolizisten überwachen den Verkehr.

In der Polizeizentrale laufen alle Meldungen ein. Über Funk werden die Polizistinnen und Polizisten zum Einsatz geschickt. Bei einem Verkehrsunfall sperrt die Polizei die Straße ab. Sie befragt Zeugen, die den Unfall beobachtet haben. Schwerverletzte werden mit dem Krankenwagen ins Krankenhaus gebracht.

Die Polizei schützt uns auch vor Verbrechern. Sie verfolgt Diebe und Einbrecher und nimmt sie fest. Dann muss ein Richter darüber entscheiden, wie diese bestraft werden.

Manche Polizistinnen und Polizisten arbeiten bei der Kriminalpolizei. Sie verfolgen Schwerverbrecher. Damit man sie nicht sofort erkennt, tragen sie keine Uniform. Sie haben gewöhnliche Kleidung an.

a b c d e f g h i j k l m n o Pp q r s t u v w x y z

a
b
c
d
e
f
g
h
i
j
k
l
m
n
o
P p

Post

Die Post befördert Briefe und Pakete vom Absender zum Empfänger. Wer ein Paket verschicken möchte, bringt es auf die Poststelle. Dort wird es gewogen. Dann verlangt der Mitarbeiter am Schalter das Porto. Das ist das Geld, das die Post für die Beförderung bekommt. Am Abend fährt das Postauto das Paket zum nächsten Frachtzentrum. Dort werden alle Pakete nach Postleitzahlen auf ihre Bestimmungsorte verteilt. Dann bringen Lastautos die Pakete ans Ziel. Nach etwa zwei Tagen wird das Paket dem Empfänger zugestellt.

Prinzessin

Die Prinzessin ist die Tochter eines Königs und einer Königin. Wenn sie erwachsen ist, wird sie vielleicht selbst einmal Königin. In Märchen sind Prinzessinnen oft von einer bösen Hexe oder einer Zauberin verzaubert. Dann kommt ein schöner Prinz und erlöst sie. Die beiden heiraten und werden ein Königspaar.

Puppenspiel

Das Puppenspiel macht Kindern und Erwachsenen Spaß. Die Puppen bewegen sich dabei fast wie Menschen auf der Bühne. Am einfachsten sind Handpuppen zu spielen. Du steckst dazu drei Finger in den Balg. Den Kopf der Puppe bewegst du mit dem Zeigefinger. Sehr beweglich sind Marionetten. Der Puppenspieler führt sie mit viel Geschick von oben an Fäden.

Rabe

Der Rabe ist unser größter Singvogel. Dabei krächzt er nur. Er hat eine Flügelspannweite von fast eineinhalb Metern. Früher gab es bei uns viele Raben. Heute sind sie selten. Die schwarzen Vögel auf den Feldern oder am Straßenrand sind meist Krähen. Sie sind mit den Raben verwandt. Auch Elstern und Eichelhäher sind Rabenvögel.

Radio

Das Radio bringt Musik und Sprache ins Haus. Die Töne reisen auf unsichtbaren elektrischen Wellen durch die Luft. Mit einem Rundfunkgerät kann man sie empfangen. Im Funkhaus wird zum Beispiel Musik von einer CD oder einem Tonband abgespielt. Oder ein Rundfunksprecher spricht in das Mikrofon. Der Toningenieur steuert die Aufnahme. Er leitet sie zum Funkturm, der die Radiowellen ausstrahlt. Die Antenne auf dem Dach fängt sie auf und wir hören die Sendung im Lautsprecher des Radios.

Rakete

Die Rakete trägt Raumschiffe und Satelliten ins Weltall. Damit sie abhebt, benötigt sie viel Treibstoff. Wenn er verbrennt, entsteht ein Gasstrom. Er tritt an der Düse aus und treibt die Rakete durch den Rückstoß vorwärts. Mit Hilfe von Raketen kann man auch im luftleeren Weltraum fliegen. Damit Flugzeuge fliegen, brauchen sie Luft.

Ratte

Die Ratte ist überall. Aber man bekommt Ratten nur selten zu Gesicht. In großen Städten leben oft mehr Ratten als Menschen. Sie hausen in Abwasserkanälen oder in Kellern. Ratten sind schlaue Nagetiere, die alles fressen und Krankheiten übertragen. Einmal gab es in der Stadt Hameln so viele Ratten, dass die Stadtväter einen Rattenfänger bestellten. Er kam, spielte auf der Flöte und lockte so die Ratten aus der Stadt. Danach wollten die Stadtväter den Rattenfänger für seine Kunst aber nicht bezahlen. Weißt du, wie dieses Märchen weitergeht?

Räuber

Der Räuber hat es auf Hab und Gut anderer Leute abgesehen. Früher legten sich Räuberbanden an einer Landstraße auf die Lauer. Sobald eine Kutsche vorüberkam, sprang der Räuberhauptmann mit seiner Bande aus dem Hinterhalt hervor und überfiel das Fahrzeug. Die Reisenden mussten ihr Geld und den Schmuck abliefern. Die Räuber machten sich mit der Beute dann rasch aus dem Staub.

Raumschiff

Das Raumschiff bringt Astronauten ins Weltall. Sie fliegen mit einem Spaceshuttle. Beim Start werden zwei große Raketen gezündet. Der Shuttle erhält Treibstoff aus einem riesigen Tank. Der Treibstoff beim Start würde für mehr als 30 000 Personenautos ausreichen. Die ausgebrannten Raketenhüllen fallen auf die Erde zurück und der leere Tank verglüht.

Im Weltraum fliegt der Spaceshuttle ohne Antrieb. Er umkreist die Erde wie von selbst. Die Erde hält ihn mit ihrer Anziehungskraft auf einer vorher berechneten Umlaufbahn. Wenn der Shuttle zur Erde zurückkehrt, zündet er seine Triebwerke.

Im Weltall gibt es keine Luft und keine Schwerkraft wie auf der Erde. Die Gegenstände und auch die Astronauten haben dort kein Gewicht. Sie fliegen in der Schwerelosigkeit wie Luftballons umher.

Wenn die Astronauten den Shuttle verlassen, seilen sie sich an oder sie benutzen ein Raketengerät. Ohne Hilfstriebwerk oder Leine würden sie im Weltall verschwinden.

b c d e f g h i j k l m n o p q R r s t u v

a
b
c
d
e
f
g
h
i
j
k
l
m
n
o
p
q
R r

Regenbogen

Der Regenbogen spannt sich wie eine große Brücke über den Himmel. Er entsteht, wenn es regnet und gleichzeitig die Sonne scheint. Dann sehen wir sieben Regenbogenfarben. Sie kommen durch das Sonnenlicht zu Stande. Das weiße Licht bricht sich an den Wassertröpfchen und wird in sieben Farben aufgespalten Oben ist der Regenbogen rot und unten ist er violett.

Regenwurm

Der Regenwurm kriecht mit Hilfe winziger Borsten. Damit hakt er sich im Boden fest und schiebt sich vorwärts. Er lebt in Röhren in der Erde und frisst Pflanzenreste. Durch seine Verdauung entsteht Humus. Das ist fruchtbare Erde. Regenwürmer lockern den Boden im Garten. Darum sind sie sehr nützlich. Wenn es lange regnet, kriechen die Regenwürmer aus der Erde, um nicht zu ertrinken. Aber im Sonnenlicht sterben sie.

Reh

Das Reh kommt in der Dämmerung aus dem Wald. Die Rehe äsen dann auf einer Wiese oder einem Feld. So sagt man, wenn Rehe fressen. Das männliche Reh heißt Bock und trägt ein Gehörn. Es wird jedes Jahr abgeworfen und wächst neu. Die Ricke ist das Weibchen. Im Frühjahr bringt sie ein bis zwei Kitze zur Welt. Die Rehe knabbern oft junge Bäume an und fügen so dem Wald großen Schaden zu. Der Jäger muss daher immer eine Anzahl Rehe schießen.

Reis

Der Reis ist ein Korn wie der Mais oder der Weizen. Jeder kennt Reisbrei. Kennst du noch andere Reisgerichte? Reis ist das wichtigste Getreide in China und anderen Ländern Asiens. Die Hälfte der Menschen lebt von Reis. Das Getreide wächst in warmen Ländern. Die Reisfelder müssen mehrmals unter Wasser gesetzt werden.

Richter

Der Richter spricht Recht. Er tut das im Gericht. Wenn jemand gegen ein Gesetz verstoßen hat, wird er vor dem Gericht angeklagt. Der Richter prüft, ob der Angeklagte schuldig ist. Hält er ihn für schuldig, muss er ihn bestrafen. Im Gesetzbuch ist genau aufgeschrieben, was verboten ist. Dort steht auch, welche Strafe jemand bekommen kann, der sich nicht an das Gesetz hält. Hat jemand ein schweres Verbrechen begangen, dann muss er ins Gefängnis.

Riese

Der Riese ist ein sehr großer Mensch. Einem Baby erscheinen Erwachsene sicher riesig. Doch Riesen sind viel größer. Es gibt sie aber nur im Märchen. Dort wird von Riesen erzählt, die so hoch sind wie ein Haus oder so groß wie ein Berg. Kennst du den Riesen Rübezahl?

Der Bergfried
Das war der Hauptturm. Manchmal lagen hier die Gemächer des Burgherrn.
Die Kemenate
In diesem Haus wohnten Frauen und Kinder. Es war oft das einzige Gebäude, das man heizen konnte.
Kleiner Saal
Ziehbrunnen
Verlies
Die innere Mauer
Bis hierher drangen Feinde nur selten vor.
Der Wassergraben
Er war am Grund oft noch mit spitzen Pfählen gespickt.
Die äußere Mauer
Dahinter verschanzten sich die Verteidiger.

Ritterburg

Die Ritterburg bot ihren Bewohnern Schutz vor Feinden. Die Burgen lagen oft auf steilen Felsen. Zusätzlich waren sie von hohen Mauern und Wassergräben umgeben. Jede Burg hatte einen hohen Turm, den Bergfried. Von hier aus sah der Türmer Feinde schon von weitem. Dann wurde die Zugbrücke hochgezogen und das eiserne Fallgitter am Burgtor heruntergelassen. Nun kam niemand mehr so leicht in die Burg hinein.

In der Burg gab es ein großes Wohnhaus für den Burgherrn. Das war der Palas. In manchen Burgen befanden sich die Wohnräume auch im Turm. Hier war es am sichersten. Die einfachen Ritter wohnten im Erdgeschoss oder im Keller des Palas. Manchmal war auch ein eigenes Frauenhaus vorhanden, die Kemenate. Es gab Ställe für Pferde und ein Haus für Vorräte. Hier lagerten Getreide, Mehl, Salzfleisch, Fett, Bier und Wein. So mussten die Bewohner bei einer Belagerung der Burg nicht verhungern.

Wasser war für die Burgbewohner lebenswichtig. Jede Burg hatte einen tiefen Ziehbrunnen. In den Brunnen wurden Eimer hinabgelassen, um Wasser zu schöpfen. Wenn Wasser und Vorräte reichten, mussten die Belagerer oft unverrichteter Dinge wieder abziehen.

Der Palas
Hier lagen der große Rittersaal und die Küche.

Die Zugbrücke
Sie wurde hochgezogen, wenn Feinde anrückten.

Die Belagerer
Als es noch keine Kanonen gab, schleuderten die Feinde mit Schleudermaschinen Steine gegen die Burgmauer.

Rollschuh

Der Rollschuh ist ein Schuh auf Rädern. Mit vier Rollen unter den Füßen kommst du schnell voran. Wusstest du, dass es Rollschuhe schon seit über 250 Jahren gibt? Die Rollen waren zuerst aus Holz, später aus Stahl. Heute gibt es Inliner, bei denen die Rollen hintereinander liegen. Damit bist du fast so schnell wie mit Schlittschuhen.

Rollstuhl

Der Rollstuhl ersetzt manchen Menschen die Beine. Behinderte, die nicht laufen können, fahren im Rollstuhl. Sie können darin fast ohne Hilfe vorwärts kommen. Treppen können sie mit dem Rollstuhl aber nicht steigen. Deshalb baut man Rampen für Rollstuhlfahrer. Sie können darauf mit dem Rollstuhl leichter in ein Gebäude gelangen. Rollstuhlfahrer treiben auch Sport und veranstalten untereinander Wettkämpfe.

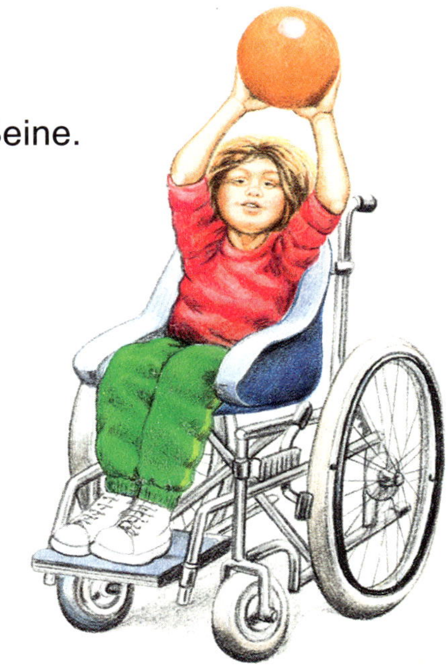

Ruine

Die Ruine ist nur ein Rest. Eine Zahnruine ist ein abgebrochener Zahn, eine Bauruine ein nicht fertig gebautes Haus. Eine Burgruine ist der Rest, der von einer Burg übrig geblieben ist. Meist sind es nur die Grundmauern. Hier hausen Fledermäuse und andere Tiere. Manchmal kommen Touristen vorbei und schauen sich das alte Gemäuer an. Vielleicht hat hier ja einmal ein König gewohnt.

Salamander

Der Salamander ist gelb-schwarz gefärbt. Er heißt auch Feuersalamander. Salamander kriechen nachts aus ihrem Versteck im Wald. Dann jagen sie Insekten, Schnecken und Würmer. Im Frühjahr wandern sie zu Tümpeln und Teichen. Dort setzen die Weibchen die Larven ab, die sie lebend gebären.

Salz

Das Salz würzt unser Essen. Wenn du im Meer badest und Wasser schluckst, ist das Salz weniger angenehm. In einem Liter Meerwasser ist nämlich ein Esslöffel voll Salz gelöst. Man gewinnt Speisesalz aus dem Meer. Dazu wird Meerwasser in große Becken geleitet. Das Wasser verdunstet in der Sonne und das Salz bleibt zurück. In Bergwerken baut man Steinsalz ab.

Samen

Der Samen trägt neues Leben in sich. Ein Bohnenkern zum Beispiel schließt alles ein, was die neue Pflanze zum Keimen braucht. Wenn du eine Bohne in die Erde steckst, keimt daraus eine neue Bohnenpflanze. Fast alle Pflanzen vermehren sich so. Bei Tieren erzeugen Männchen die Samen. Sie befruchten weibliche Eier, aus denen sich neue Tiere entwickeln. Beim Menschen befruchtet der Mann eine winzige Eizelle im Bauch der Frau. Der Samen gelangt durch seinen Penis in die Scheide. Die Frau wird dann schwanger und ein Baby wächst in ihrem Bauch.

keimende Bohne

Schaf

Das Schaf war eines der ersten Haustiere des Menschen. Man hat wilde Schafe gezähmt und diese dann weitergezüchtet. Wir erhalten vom Schaf Wolle, Milch und Fleisch. Im Frühjahr bekommen die Schafe ihre Lämmer. Das männliche Schaf heißt Bock. Schafe werden in großen Herden gehalten. Früher zogen Schäfer mit ihren Schafherden von einem Weideplatz zum anderen. Der Schäferhund hielt die Herde zusammen. Heute gibt es bei uns nur noch wenige große Schafherden.

Schatz

Der Schatz liegt an einem geheimen Ort vergraben. Wer ihn findet, darf ihn vielleicht behalten. Vor langer Zeit haben die Menschen häufig Schätze versteckt. Wenn Krieg herrschte, vergruben sie ihre Wertgegenstände. Oder sie verbargen Gold und Silber im Mauerwerk einer Burg. Piraten versteckten ihre Beute oft auf einsamen Inseln. Das Versteck zeichneten sie auf einer Schatzkarte ein. Einige Schätze liegen heute noch dort und warten darauf, entdeckt zu werden.

Schiff

Das Schiff fährt auf dem Wasser. Die ersten Wasserfahrzeuge waren ausgehöhlte Baumstämme. Später bauten die Menschen Boote und Flöße und trieben sie mit Rudern an. Dann gab es große Segelschiffe aus Holz. Schiffe sind heute aus Eisen. Das Metall schwimmt zwar nicht, aber die Schiffe gehen trotzdem nicht unter. Sie sind innen hohl und daher leicht.

Kreuzfahrtschiff

Als es noch keine Flugzeuge gab, fuhren die Menschen mit Ozeandampfern über das Meer. Diese Schiffe wurden von Dampfmaschinen angetrieben. Heute haben die Schiffe Dieselmotoren. Sie drehen die Schiffsschraube, die das Schiff durch das Wasser bewegt. Fährschiffe bringen Autos und sogar Eisenbahnzüge auf Inseln oder an entfernte Küsten.

Auf großen Kreuzfahrtschiffen fahren Passagiere zum Vergnügen. Man nennt sie Vergnügungsdampfer. Solche Schiffe sind schwimmende Hotels. Es gibt Restaurants und Geschäfte, Schwimmbäder und bei einigen Schiffen sogar Tennisplätze an Bord.

Fährschiff

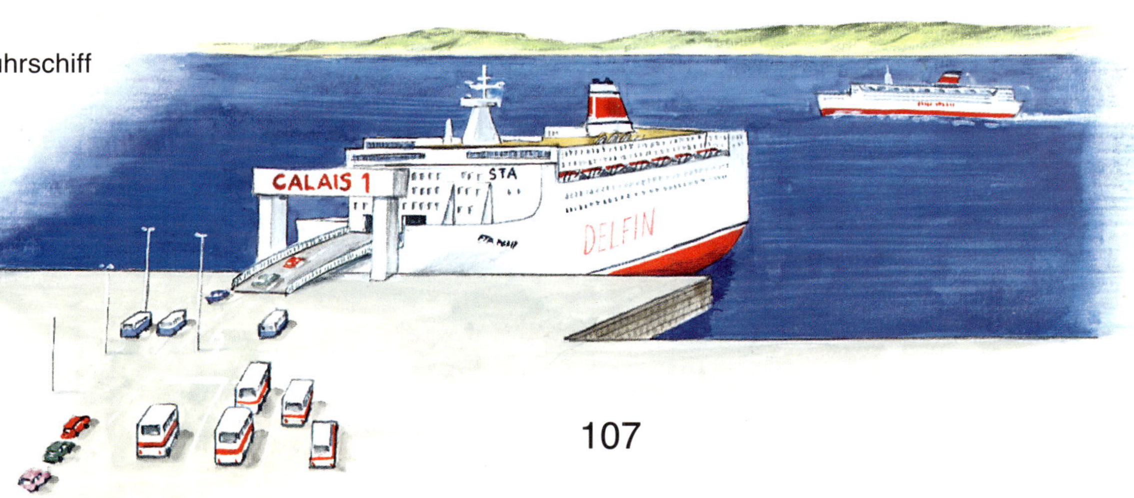

Schilauf

Der Schilauf ist ein Wintersport. Im Gebirge fahren die Schiläufer auf Abfahrtsschi den Berg hinunter. Die Schi haben eine Sicherheitsbindung. Darin sitzt der Schuh ganz fest. Wenn der Schifahrer stürzt, geht die Bindung auf. Man bricht sich dann nicht so leicht das Bein. Im flachen Land gleiten Langläufer auf schmalen Schiern durch den Schnee. Sie fahren auf einer Spur, die man Loipe nennt. Snowboardfahrer benutzen nur einen einzigen Schi. Es ist ein kurzes, breites Brett, auf dem sie mit beiden Füßen stehen.

Schildkröte

Die Schildkröte lebt in warmen Ländern. Sie ist ein Kriechtier mit einem harten Panzer. Wenn ihr Gefahr droht, zieht sie Kopf und Beine in den Panzer ein. Schildkröten werden über 150 Jahre alt. Es gibt Landschildkröten, Sumpfschildkröten und Meeresschildkröten. Die größten Schildkröten leben im Meer. Sie wiegen mehr als ein Pferd. Die Elefantenschildkröte ist die größte Landschildkröte und fast schon ausgestorben.

Elefanten-
schildkröte

Griechische
Landschildkröte

Schlange

Die Schlange kriecht auf dem Bauch über den Boden. Dabei streckt sie die Zunge vor und zieht sie zurück. Schlangen riechen beim Züngeln. Viele Leute fürchten Schlangen, weil einige giftig sind. Unsere Kreuzotter ist nicht so giftig wie die Brillenschlange. Aber auch ihr Biss kann tödlich sein. Riesenschlangen haben keine Giftzähne. Manche werden bis zu zehn Meter lang und können ein kleines Schwein erwürgen. Dann dehnen sie ihre Kiefer weit und verschlingen es.

Schlittschuh

Der Schlittschuh lässt dich über das Eis flitzen. Die Schlittschuhstiefel haben schmale eiserne Kufen. Es gehört etwas Geschick dazu, auf den scharfen Kanten nicht umzufallen. Eiskunstläufer fahren auf Schlittschuhen kunstvolle Figuren. Und Eisschnellläufer könnten leicht einen Radfahrer überholen.

Schmetterling

Der Schmetterling zählt zu den schönsten Insekten. Von den rund 150 000 Arten leben nur ein paar tausend Arten bei uns. Jeder Schmetterling war einmal eine Raupe. Wenn die Raupe sich dick und rund gefressen hat, verpuppt sie sich. In der Puppe verwandelt sich die Raupe in ein Insekt. Im Frühjahr platzt die Puppenhülle auf und ein bunter Schmetterling kriecht heraus.

a b c d e f g h i j k l m n o p q r **S s** t u v w x y z

Schnecke

Die Schnecke gehört zu den langsamsten Tieren. Sie legt in einer Stunde gerade einmal drei Meter zurück. Nicht alle Schnecken tragen ein Haus auf dem Rücken wie die Weinbergschnecke. Im Garten siehst du auch rote oder schwarze Nacktschnecken. Sie fressen den Salat und die Blumen.

Schnee

Der Schnee fällt bei uns im Winter. Dann decken dicke Schneeflocken alles zu. Die Tiere finden nichts mehr zu fressen und viele fallen in einen Winterschlaf. Aber die Kinder freuen sich, wenn es schneit. Jetzt können sie Schlitten fahren oder Schi laufen und einen Schneemann bauen. Hast du schon einmal eine Schneeflocke genauer betrachtet? Sie hat eine besonders schöne Form und keine Flocke sieht aus wie die andere.

Schneeglöckchen

Das Schneeglöckchen sprießt im Frühjahr als erste Blume aus dem Boden. Wenn noch Schnee auf dem Beet liegt, treibt es seinen Stängel aus der Zwiebel nach oben. Dann kommt die weiße Blüte hervor. Der Winter ist nun bald vorbei.

Schule

Die Schule macht vielen Kindern Spaß. Wer noch nicht zur Schule geht, freut sich auf den ersten Schultag. Aber Schule bedeutet auch Pflicht. Du musst jeden Tag früh aufstehen und pünktlich zum Unterricht erscheinen.

Mit sechs Jahren besuchst du die Grundschule. Dort lernst du lesen, schreiben und rechnen und bekommst auch Sachunterricht. Nach vier Jahren Grundschule gehst du in die Hauptschule oder wechselt auf das Gymnasium über. Eine weiterführende Schule ist auch die Realschule. Jeder muss mindestens neun Jahre lang zur Schule gehen. Wer das Abitur machen will, besucht 13 Jahre lang die Schule. Er kann danach auf einer Universität studieren.

a b c d e f g h i j k l m n o p q r **S s** t u v w x y z

a
b
c
d
e
f
g
h
i
j
k
l
m
n
o
p
q
r
S s
t

Schwalbe

Die Schwalbe frisst Insekten, die sie im Flug fängt. Die Rauchschwalbe hat eine rostbraune Kehle. Sie brütet gern in Kuhställen. Die Mehlschwalbe ist an der Unterseite ganz weiß. Sie baut ihr Nest immer außen an eine Hauswand oder unter das Dach. Schwalben sind richtige Maurer. Sie sammeln Lehm und Stöckchen. Diese vermischen sie mit Speichel und bekommen so eine Art Mörtel. Damit bauen sie ihr halbrundes Nest.

Schwan

Der Schwan wird so schwer wie ein Hund und kann doch gut fliegen. Schwäne sind Zugvögel. Sie fliegen im Frühjahr nach Norden, wo sie ihre Jungen großziehen. Im Herbst kehren sie zu uns zurück. Doch immer mehr Schwäne bleiben das ganze Jahr über da. Die jungen Schwäne sind anfangs grau und bekommen erst später ihr schneeweißes Gefieder. Es gibt aber auch schwarze Schwäne.

Schwein

Das Schwein zählt zu den klügsten Tieren. Schweine können sich vieles merken. Frei laufende Schweine rennen nicht fort, wenn man sie füttert. Sie suhlen sich im Schlamm, um lästiges Ungeziefer loszuwerden. Doch die meisten Schweine müssen im Stall stehen. Sie liefern Fleisch, Speck und Schmalz. Das weibliche Schwein heißt Sau, das männliche Eber. Und wie heißen die kleinen Schweinchen? Das Hausschwein bringt etwa zwölf davon auf einmal zur Welt.

Schwimmbad

Das Schwimmbad ist eine Anlage mit Schwimmbecken und Liegewiesen. In großen Städten gibt es oft mehrere Schwimmbäder. Auch viele Hotels haben einen Swimmingpool. Manche Leute besitzen ein eigenes Schwimmbecken im Garten.
In einem Hallenschwimmbad kann man das ganze Jahr über schwimmen. Das Wasser ist dort angenehm warm.

Schwimmwettkämpfe finden immer in Schwimmbädern statt. Die Becken müssen dafür mindestens 50 Meter lang sein. Die Wettschwimmer springen von den Startblöcken ins Wasser. In Schwimmbädern gibt es auch Sprungtürme. Du kannst dort vom 1-Meter-Brett, vom 3-Meter-Brett und sogar aus fünf oder zehn Metern Höhe ins Wasser springen – wenn du keine Angst hast.

Seeigel

Der Seeigel heißt so, weil er Stacheln hat wie ein Igel. Er wird etwa so groß wie ein Tennisball und lebt im Meer. Das Tier ist von einem festen Panzer aus Kalk umhüllt. Auch die spitzen Stacheln sind aus Kalk. Wenn du auf einen Seeigel trittst, tut es scheußlich weh.

f g h i j k l m n o p q r S s

Seelöwe

Der Seelöwe lebt in kalten Meeren. Er ist eine Robbe wie der Seehund. Man sieht Seelöwen oft im Zirkus Bälle auf der Nase balancieren. Wie viele Robben sind sie sehr verspielt. Robben haben einen dichten Pelz, von dem das Wasser abperlt. Ihre Beine sind zu Flossen umgewandelt. Damit watscheln sie an Land unbeholfen. Im Meer schwimmen sie elegant und tauchen nach Fischen. Auch das Walross ist eine Robbe.

Seerose

Die Seerose ist eine Wasserpflanze. Seerosen schwimmen mit ihren tellergroßen Blättern auf einem See oder Teich. Die Blätter laden Frösche und Libellen zum Rasten ein. Im Sommer entfaltet die Seerose ihre weißen Blüten. In der Nacht schließt sie diese so fest, dass oft Insekten darin ersticken.

Seilbahn

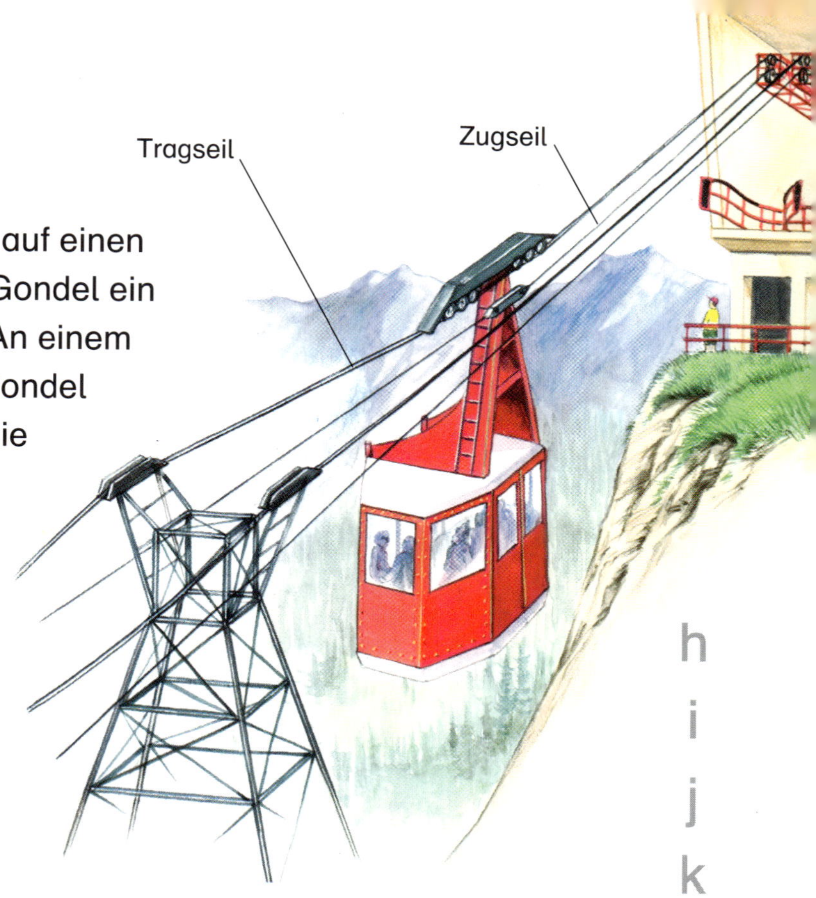

Die Seilbahn bringt Menschen auf einen Berggipfel. Man steigt in eine Gondel ein und schon geht die Fahrt los. An einem dicken Stahlseil schwebt die Gondel durch die Luft. Deshalb heißt die Bergbahn auch Drahtseilbahn oder Seilschwebebahn.
Die Gondel wird auf dem Tragseil von einem Zugseil nach oben gezogen. In wenigen Minuten kommt die Kabine auf der Bergstation an. Wenn du aus der Gondel ins Tal schaust, wird dir fast schwindlig. Du siehst vielleicht Bergwanderer auf ihrem Weg nach oben. Sie brauchen ein paar Stunden bis zum Gipfel.

Sicherheitsgurt

Der Sicherheitsgurt im Auto kann dir das Leben retten. Wenn es zu einem Unfall kommt, wirst du durch den Aufprall nach vorn geschleudert. Das kann tödlich sein. Deshalb ist es Pflicht, sich im Auto anzuschnallen. Kinder bis zu zwölf Jahren müssen hinten sitzen. Kinder bis zu 36 Kilogramm Gewicht brauchen einen Kindersitz.

Skateboard

Das Skateboard ist ein Brett mit vier Rollen. Du kannst damit schnell herumsausen. Sobald du etwas Übung hast, fährst du mit dem Skateboard tolle Kurven. Dazu musst du dein Körpergewicht verlagern. Übe immer auf einem Spielplatz und nie auf der Straße!

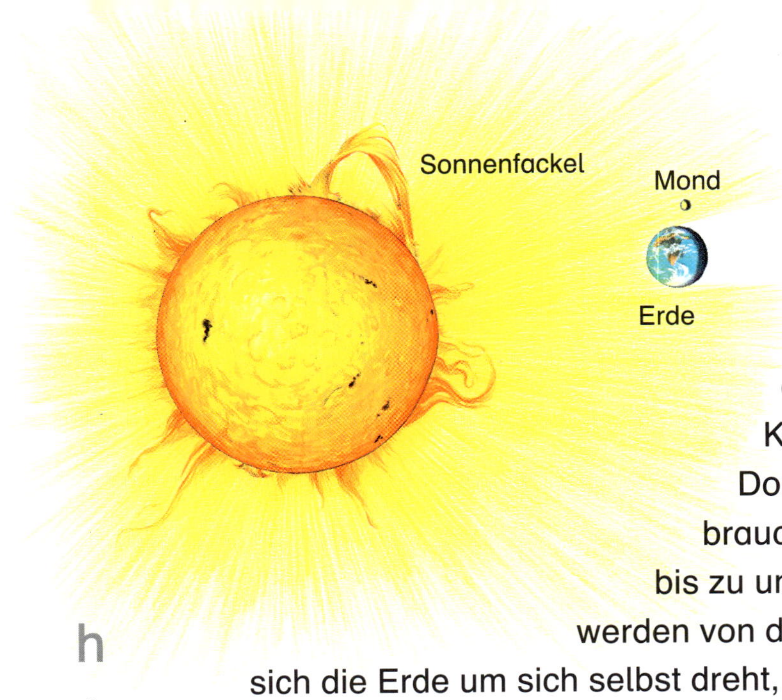

Sonne

Die Sonne ist ein heißer, selbstleuchtender Stern. Sie ist eine Million Mal größer als die Erde und 150 Millionen Kilometer von uns entfernt. Doch die Sonnenstrahlen brauchen nur etwa acht Minuten bis zu uns. Der Mond und die Erde werden von der Sonne angestrahlt. Weil sich die Erde um sich selbst dreht, wird immer nur ein Teil von ihr von der Sonne beleuchtet. So entstehen Tag und Nacht. Manchmal schiebt sich der Mond zwischen Sonne und Erde. Dann gibt es eine Sonnenfinsternis. Wir sehen nur noch den Strahlenkranz der Sonne.

Sonnenfinsternis

Buntspecht

Grünspecht

Specht

Der Specht ist ein Waldvogel. Er kommt auch in Gärten vor. Mit seinen Kletterfüßen läuft er senkrecht an einem Baum hoch. Sein Schnabel dient ihm als Meißel. Damit klopft er die Rinde auf. Dann zieht er mit der Zunge Insektenlarven aus dem Holz. Mit dem Schnabel hämmert er auch eine Bruthöhle für seine Jungen in den Stamm.

Spinne

Die Spinne webt ein kunstvolles Netz. In den klebrigen Fäden fangen sich Fliegen und andere Insekten. Die Spinne spritzt Gift in die Beute und Verdauungssaft, der das Insekt auflöst. Dann saugt sie es ein. Spinnenmännchen sind kleiner als die Weibchen. Wenn sie ein Weibchen befruchtet haben, werden sie oft von ihm gefressen.

Kreuzspinne

h i j k l m n o p q r **S s** t u v w x y z

Stadt

Die Stadt besteht aus Häusern und Straßen. In Städten wohnen sehr viele Menschen. In einem Dorf kennt fast jeder jeden Einwohner. Alles ist leicht überschaubar. Doch schon in einer Kleinstadt kann man nicht mehr alle Menschen kennen. In einer Großstadt leben oft Millionen Menschen. Tausende bewegen sich täglich auf den Straßen.

Manche Städte sind riesengroß. Man fährt von einem Ende der Stadt zum anderen oft länger als eine Stunde mit dem Auto. Straßenbahnen, Omnibusse und U-Bahnen bringen die Menschen von ihrer Wohnung zur Arbeit. Es gibt Industrieviertel mit Fabriken, Geschäftsviertel und Wohnviertel.

In vielen Städten darf man mit dem Auto nicht in die Innenstadt fahren. Das ist das Zentrum oder die City. Hier gibt es Banken, Geschäfte und Kaufhäuser. Im Zentrum steht auch das Rathaus der Stadt. Du findest hier Theater und Kinos, Restaurants und Hotels. Auch der Bahnhof liegt meist mitten in der Stadt. Wie heißt die größte Stadt in Deutschland?

e f g h i j k l m n o p

Steckdose

Die Steckdose ist mit dem Kraftwerk verbunden. Wenn man den Stecker in die Steckdose steckt, fließt elektrischer Strom in ein Gerät. Dann läuft der Fernseher oder der Haartrockner bläst warme Luft. Der Strom arbeitet für uns. Er kommt über Stromleitungen aus dem Kraftwerk bis ins Haus. Steckdosen stehen immer unter Strom und sind gefährlich. Du darfst deshalb niemals in eine Steckdose fassen!

Stein

Der Stein ist ein Stück aus der Erdkruste. Du findest überall Steine. Sie sehen ganz unterschiedlich aus und sind unterschiedlich hart. Gips und Sandstein zählen zu den weichsten Gesteinen. Sehr hart sind der Granit und der Quarz. Aus Granit stellt man zum Beispiel Pflastersteine her.

Stern

Der Stern steht scheinbar fest am Himmel. In Wirklichkeit bewegt er sich aber doch. Die Sterne sind so unendlich weit entfernt, dass wir sie nur als Punkte erkennen. Sterne sind riesige selbstleuchtende Gaskugeln. Kometen haben einen hellen Schweif. Es sind keine Sterne, denn sie erhalten ihr Licht von der Sonne. Manchmal sehen wir Sternschnuppen. Das sind stecknadelkopfgroße Teilchen aus dem Weltall, die in der Lufthülle der Erde verglühen.

Storch

Der Storch gilt als Glücksbringer. Deshalb hat man früher gesagt, dass Störche Kinder bringen. Viele Menschen freuen sich, wenn ein Storchenpaar auf dem Schornstein brütet. Sie stellen ihm sogar ein Wagenrad für das Nest auf das Dach. Die Störchin brütet vier bis fünf Junge aus. Die Eltern bringen ihnen Frösche und Würmer. Im Herbst fliegen die Störche bis nach Südafrika. Im Frühjahr kehren sie zu uns zurück. Wusstest du, dass es schwarze Störche gibt? Sie sind sehr selten und leben im Wald.

Strand

Der Strand ist eine flache Meeresküste. Hier laufen die Wellen sanft aus. Bei Ebbe zieht sich das Wasser zurück und wir sehen einen breiten Streifen Meeresboden. Bei Flut steigt das Wasser langsam wieder an. Viele Leute verbringen die Sommerferien an einem Sandstrand. Sie liegen im Liegestuhl unter einem Sonnenschirm. An der Nordsee und an der Ostsee weht oft ein starker Wind. Dort gibt es Strandkörbe, die den Wind abhalten.

Pflasterstraße im Mittelalter

Straße

Die Straße verbindet zwei Orte miteinander. Die Römer hatten vor über 2000 Jahren schon gepflasterte Straßen. Vom Mittelmeer bis nach China verlief im Mittelalter die Seidenstraße. Auf ihr brachten Händler mit Pferden und Kamelen Seide und Porzellan nach Europa. Eine Reise nach China dauerte acht Jahre. Die Seidenstraße war keine Teerstraße, sondern ein Karawanenweg.

Richtige Straßen gab es erst, als das Auto erfunden war. Heute führen geteerte Straßen selbst in kleinste Dörfer. Alle Straßen in Deutschland zusammen würden fünfmal um den Erdball reichen.

Die Hauptverkehrsstraßen heißen Bundesstraßen. Sie tragen Nummern auf gelben Schildern. Auf diesen Straßen dürfen alle Fahrzeuge fahren. Die schnellsten Straßen sind die mehrspurigen Autobahnen nur für Kraftfahrzeuge.

Strauß

Der Strauß ist der größte Vogel. Strauße leben in Afrika. Sie werden etwa zweieinhalb Meter hoch und doppelt so schwer wie ein Mensch. Deshalb können sie nicht mehr fliegen. Aber sie rennen sehr schnell. Früher wurden den Männchen die Schwanzfedern ausgerupft. Damit schmückten Frauen ihre großen Hüte. Heute züchtet man Strauße wegen ihres Fleisches wie Hühner.

Supermarkt

Der Supermarkt ist ein großes Einkaufszentrum. Man kann hier fast alles kaufen, was man für das tägliche Leben braucht. Jeder bedient sich dabei selbst. Er nimmt die gewünschten Waren aus den Regalen und legt sie in den Einkaufswagen. An der Kasse muss man sich anstellen, um zu bezahlen. Früher kaufte man beim Bäcker, beim Metzger, beim Gemüsehändler oder im Papierladen ein. Die meisten Leute gehen heute in einen Supermarkt. Dort sind die Waren oft billiger und man bekommt alles an einem Ort.

a b c d e f g h i j k l m n o p q r s

Tankstelle

Die Tankstelle verkauft Benzin. Es wird von großen Tankwagen gebracht und in die unterirdischen Tanks gefüllt. Der Autofahrer zapft es an der Tanksäule. Das Benzin fließt dabei durch ein Messgerät. Der Tankwart sieht daran, wie viel Liter Benzin getankt wurden. Autofahrer können an Tankstellen auch Öl und Wasser nachfüllen. Sie prüfen den Luftdruck in den Reifen oder lassen ihren Wagen in der Waschanlage waschen.
Viele Tankstellen bieten auch Zeitungen, Zeitschriften und andere Waren an.

Tauchboot

Das Tauchboot bringt Forscher in große Tiefen des Meeres. Dort suchen sie nach versunkenen Schiffen oder beobachten Tiere und Pflanzen. Ein Tauchboot ist schon fast 11000 Meter tief getaucht. Jedes Tauchboot hat eine dicke Außenhaut aus Stahl. Der Druck der Wassermassen würde es sonst zerquetschen.

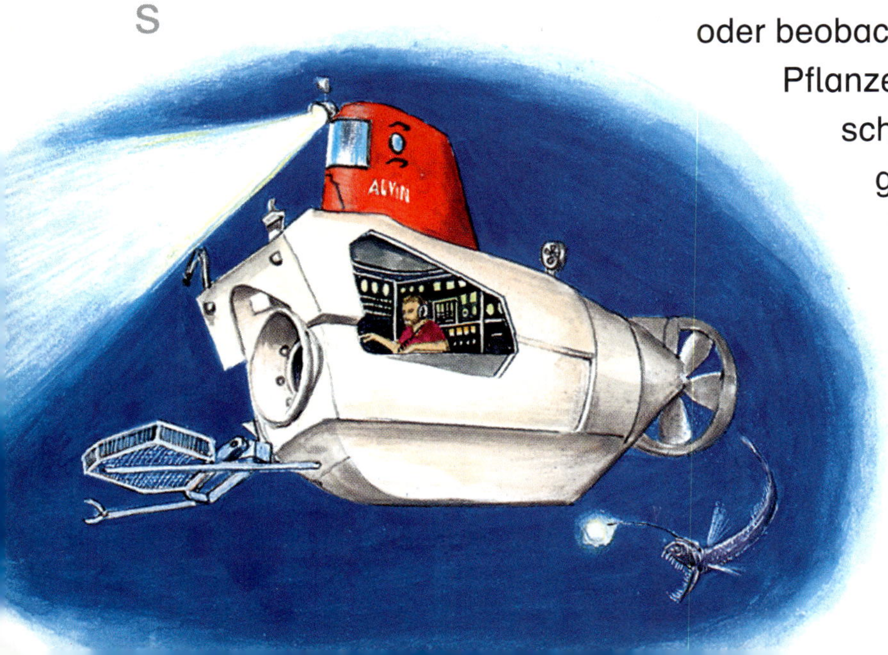

Helmtaucher

Taucher

Der Taucher schwimmt unter Wasser. Sein Schnorchel ragt dabei über die Wasseroberfläche. So bekommt der Taucher durch den Schnorchel Luft. Wer tiefer hinunterwill, nimmt sich einen Vorrat an Sauerstoff in einer Stahlflasche mit. Damit kann ein Taucher etwa eine Stunde unter Wasser bleiben. Dann geht ihm die Luft aus. Helmtaucher, die in der Tiefe arbeiten, sind über einen Luftschlauch mit ihrem Boot verbunden.

Taufe

Die Taufe ist meist das erste Fest im Leben eines Menschen. Das Baby wird in der Kirche vom Pfarrer getauft. Er gießt ihm dabei etwas Wasser über den Kopf. Dazu spricht er ein Gebet. Der Taufpate oder die Taufpatin hält das Kind über das Taufbecken. Der Pate verspricht dabei, dem Kind in seinem zukünftigen Leben zu helfen.

Tee

Der Tee wird mit heißem Wasser zubereitet. Man brüht damit getrocknete Blätter oder Blüten auf. Sicher hast du schon einmal Kamillentee oder Pfefferminztee getrunken. Erwachsene trinken meist schwarzen Tee. Er wächst in warmen Ländern. Tee enthält wie Kaffee einen Stoff, der die Nerven anregt. Deshalb sollte man nicht zu viel schwarzen Tee trinken. Man wird sonst nervös.

a b c d e f g h i j k l m n o p q r s Tt u v w x y z

Telefon

Das Telefon wurde vor über hundert Jahren erfunden. Vorher verständigten sich die Menschen über kürzere Entfernungen durch Trommelsignale oder mit Rauchzeichen. Heute ist es ganz einfach: Wenn du deine Freundin sprechen willst, wählst du ihre Nummer an deinem Gerät. Dann klingelt das Telefon deiner Freundin. Wenn sie den Hörer abnimmt, sprichst du in die Sprechmuschel. Deine Freundin hörst du im Lautsprecher. Die Sprache wird dabei in elektrische Signale verwandelt. Diese werden in Leitungen transportiert und im Telefonapparat wieder in Sprache zurückverwandelt.

Handy

Tennis

Das Tennis ist ein Ballspiel mit Schlägern. Bei einem Einzel spielen zwei Spieler gegeneinander. Bei einem Doppel spielen jeweils zwei Spieler gegen die anderen beiden. Jeder Spieler versucht den Ball so über das Netz zu schlagen, dass ihn der andere nicht mehr in das gegnerische Feld zurückschlagen kann. Ein Match kann oft zwei Stunden und länger dauern.

Theater

Das Theater ist die Welt der Schauspieler. Sie treten dort auf einer Bühne auf und spielen ein Theaterstück. Meist tragen die Schauspieler dabei Kostüme und ihre Gesichter sind geschminkt. Hast du auch schon einmal Theater gespielt?

Auf einer richtigen Bühne stehen Kulissen. Das sind bemalte Wände, die Bäume, Landschaften oder Häuser zeigen. Oft werden auch bemalte Leinwände an Schnüren von der Decke herabgelassen. Die Bühne wird vom Zuschauerraum aus mit Scheinwerfern hell angestrahlt. Die Schauspieler stehen dann im Rampenlicht.

Damit eine Theateraufführung auch reibungslos über die Bühne geht, müssen die Schauspieler vorher lange proben. Und sie müssen ihre Rolle auswendig lernen. Manchmal bleiben sie stecken. Dann hilft ihnen die Vorsagerin weiter. Sie heißt Souffleuse und sitzt verborgen unterhalb der Bühne.

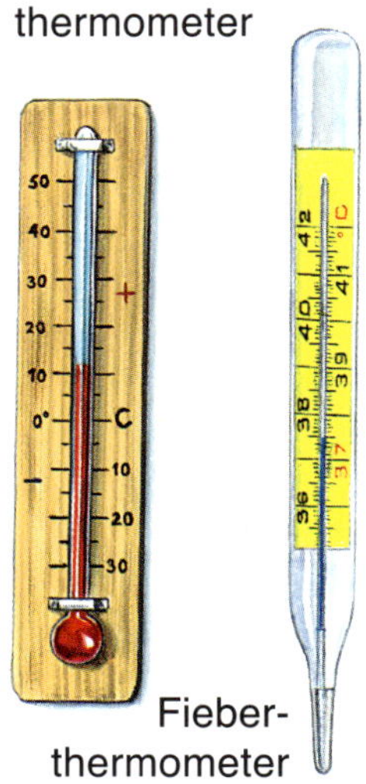

Thermometer

Das Thermometer misst die Temperatur. Dazu dient gefärbter Alkohol oder flüssiges Quecksilber in einem engen Glasröhrchen. Bei Kälte zieht sich die Flüssigkeit zusammen, bei Wärme dehnt sie sich aus. Hinter dem Glasröhrchen liegt eine Messskala. Daran kannst du ablesen, wie viel Grad es hat. Bei einer Temperatur von 28 Grad Celsius gibt es in der Schule hitzefrei.

Tierarzt

Der Tierarzt behandelt kranke Tiere. Wenn dein Hund oder deine Katze krank ist, musst du sie zum Tierarzt bringen. Viele Tiere haben Angst vor der Untersuchung. Du bleibst am besten bei deinem Tier. Es beruhigt sich dann schnell. Das Tier fühlt, dass man ihm helfen will. Tierärzte behandeln auch Vögel, Hamster oder weiße Mäuse. Sind Kühe und Pferde krank, dann macht der Tierarzt einen Hausbesuch im Stall.

Tiger

Der Tiger ist eine große Raubkatze. Er kommt nur in Asien vor. Tiger leben allein. Durch ihr gestreiftes Fell sind sie im Licht und Schatten des Dschungels gut getarnt. Lautlos schleichen sie sich an Büffel, Wildschweine oder Hirsche an und reißen sie nieder. Wegen ihres Fells hat man sie viel gejagt. Es gibt daher heute nur noch wenige Tiger.

Tintenfisch

Der Tintenfisch ist kein Fisch, sondern ein Kopffüßer. Die Tintenfische haben ihren Namen von der Tinte, die sie ausstoßen, wenn sie verfolgt werden. Sie trüben damit das Wasser. Dann sind sie für einen Feind unsichtbar. Die Kalmare haben zehn Kopffüße oder Fangarme und schwimmen sehr schnell. Der Krake heißt auch Oktopus, das bedeutet Achtfüßer. Einige Tintenfische sind riesig. Die Arme des Riesenkalmars werden etwa so lang wie ein Eisenbahnwagen.

Tomate

Die Tomate ist eine große Beere. Tomaten haben außen eine Haut und innen im Fruchtfleisch liegen die Samenkörnchen. Genauso sehen auch Stachelbeeren oder Johannisbeeren aus. Die Tomate kam aus Amerika zu uns. Dort gehörte sie zur Nahrung der Indianer. Sie gaben ihr auch den Namen: Tomatl.

Traktor

Der Traktor ist die wichtigste Maschine des Bauern. Mit dem Traktor zieht er den Pflug und den Wagen. Der Bauer kann auch die Pflanzenspritze und den Düngerstreuer an den Traktor anschließen. Traktoren haben große Räder und sinken auch auf weichem Ackerboden nicht ein. Man sagt statt Traktor oft auch Schlepper.

a b g h i j k l m n o p q r s T t

a b c d e f g h i l m n o p

Trommel

Die Trommel ist ein Musikinstrument. Du schlägst mit Schlägeln auf das gespannte Trommelfell aus Tierhaut. Natürlich lässt sich auf dem Instrument kein Lied spielen. Mit der Trommel wird ein Musikstück begleitet und der Takt geschlagen. Die größte Trommel ist die Pauke. Der Klang der Trommel ist weit zu hören. Indianer verständigten sich früher durch Trommeln.

Tulpe

Die Tulpe gibt es in in allen Farben. In Holland hat man Tausende von Tulpensorten gezüchtet. Die Blumen wachsen dort auf riesigen Feldern wie bei uns Kartoffeln oder Getreide. Die Tulpen werden geschnitten und als Blumensträuße verkauft. Wer im Frühjahr Tulpen im Garten haben will, muss im Herbst Tulpenzwiebeln in die Erde stecken.

Tulpenfeld

Tunnel

Der Tunnel führt durch einen Berg. Er kürzt eine Straße oder eine Eisenbahnstrecke ab. Um einen Tunnel zu bauen, sprengt man mit Sprengstoff zuerst Löcher in den Berg. Dann wird mit großen Maschinen die Tunnelröhre gegraben. Es dauert manchmal Jahre, bis ein Tunnel fertig ist. Tunnel können auch unter einem Fluss hindurchführen. Zwischen England und Frankreich verläuft ein Tunnel sogar unter dem Meer. Er ist so lang, dass ein Zug von einem Ende bis zum anderen eine halbe Stunde fährt.

Überschwemmung

Die Überschwemmung zerstört Felder und Häuser. Wenn ein Fluss über seine Ufer tritt, überfluten die Wassermassen das flache Land. Das geschieht oft im Frühjahr, wenn in den Bergen der Schnee schmilzt. Dann steigt das Wasser in den Flüssen. Auch wenn es lang regnet, gibt es Hochwasser.

Uhr

Die Uhr misst die Zeit. Sie zählt am Tag 24 Stunden zu 60 Minuten. Jede Minute hat 60 Sekunden. Ohne Uhr kämen die Kinder zu spät zur Schule. Busse, Eisenbahnen und Flugzeuge hielten den Fahrplan nicht ein. Als die Menschen noch keine Uhren hatten, richteten sie sich nach dem Stand der Sonne. Bei der Sonnenuhr ist der Schatten eines Stabes der Zeiger. Und was ist eine Sanduhr? Digitaluhren geben die Uhrzeit in Zahlen an.

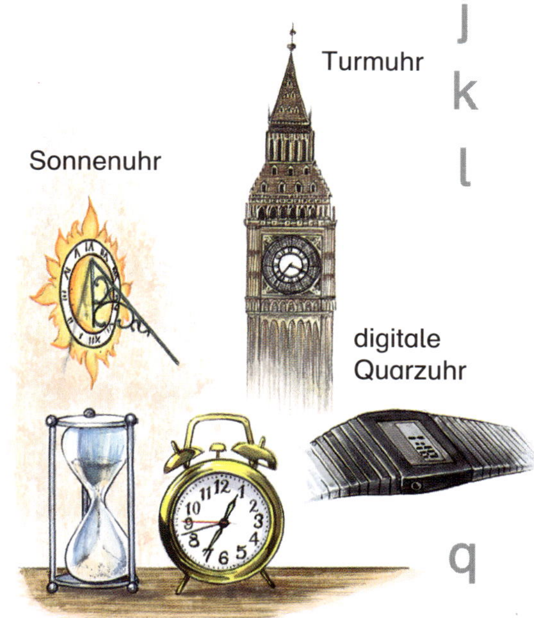

Umwelt

Die Umwelt gehört uns allen. Dazu zählen das Meer, die Flüsse und Seen, Wiesen, Felder und Wälder und auch die Luft. Wir müssen die Umwelt sauber halten, sonst können wir eines Tages nicht mehr auf der Erde leben. Umweltsünder werfen immer wieder Abfälle in die Landschaft. Dadurch werden Boden und Wasser verseucht.

a
b
c
i
j
k
l
m
n
o
p
q
r
s
t
U u
v
w
x
y
z

Umzug

Der Umzug ist ein großes Ereignis. Die Wohnung wird ausgeräumt. Nun kommen Möbelpacker mit einem großen Lastwagen. Sie tragen die Wohnungseinrichtung Stück für Stück aus dem Haus: Schränke, Tische, Stühle, Betten – alles kommt in den Möbelwagen. Bald ist die Wohnung ganz leer. Kannst du dir jetzt noch vorstellen, wie sie vorher aussah?

Untergrundbahn

Die Untergrundbahn gibt es nur in großen Städten. Dort herrscht so viel Verkehr, dass sich Autos und Busse auf den Straßen stauen. Die U-Bahnen fahren ungehindert in Röhren unter der Erde. Sie kommen schnell voran.
An den U-Bahn-Stationen bringen Rolltreppen und Aufzüge die Fahrgäste ein bis zwei Stockwerke tiefer an die Bahnsteige. Die U-Bahn-Züge verkehren in kurzen Abständen hintereinander.

Vampirfledermaus

Vampir

Der Vampir ist ein Ungeheuer. Er saugt Blut. Man erkennt ihn leicht an seinen beiden vorstehenden Eckzähnen. Du hast sicher noch keinen Vampir gesehen. Er kommt nämlich nur in Gruselgeschichten vor. Hast du aber gewusst, dass es echte Vampire gibt? So nennt man eine Fledermausart im Urwald Südamerikas, die Blut saugt.

Verkehrszeichen

Schülerlotsen

Fußgänger-
überweg

Die Verkehrszeichen regeln den Verkehr. Es gibt sehr viele. Als Fußgänger und Radfahrer solltest du die wichtigsten kennen. An Kreuzungen stehen meist Verkehrsampeln: Bei Rot darf niemand fahren. Bei Gelb heißt es aufgepasst! Bei Grün ist die Straße frei. Ampeln an Fußgängerüberwegen haben nur zwei Lichter. Bei Grün darfst du über die Straße gehen, bei Rot musst du warten. Weißt du, was die abgebildeten Verkehrszeichen bedeuten? Die Auflösung findest du auf der letzten Seite.

Fahrtrichtung gesperrt

Stoppschild

Vorfahrts-
straße

Vorfahrt gewähren!

Radweg

a b c d e f g h i j k l m n o p q r s t u V v w x y z

a
b
c
d
e
f
g
h
i
j
k
l
m
n

Videorekorder

Der Videorekorder zeichnet Fernsehsendungen auf. Du musst dazu nur eine Videokassette in den Rekorder schieben. Deine Lieblingssendung kannst du später immer wieder ansehen. Es gibt auch bereits bespielte Kassetten mit Märchen oder Tiergeschichten. Solche Videos kannst du auch in der Bücherei ausleihen. Mit einer Videokamera kannst du selbst ein Video aufnehmen – zum Beispiel mit deinem Lieblingstier.

Vulkan

Der Vulkan ist ein Feuer speiender Berg. Tief in der Erde ist es so heiß, dass sogar das Gestein flüssig ist. Ab und zu steigt es in einem Vulkan hoch und wird herausgeschleudert. Dann fliegen Gesteinsbrocken durch die Luft. Vom Himmel fällt feinste Asche wie Regen nieder. Oben aus dem Vulkankrater fließt glühende Lava. Das geschmolzene Gestein wälzt sich den Berg hinunter und wird schließlich kalt und fest. Die Menschen ergreifen die Flucht, wenn ein Vulkan ausbricht. Heiße Lava und Asche können oft ganze Dörfer verschütten.

Waage

Personen-
waage

Die Waage misst das Gewicht in Gramm. 1000 Gramm sind 1 Kilogramm oder 2 Pfund. Auf einer Personenwaage geben ein Zeiger oder Zahlen an, wie schwer du bist. Kennst du noch andere Waagen? Früher hatte man Waagen mit Gewichtssteinen. In die eine Waagschale gab man zum Beispiel Mehl. In die andere kamen Gewichte. Standen beide Schalen gleich hoch, herrschte Gleichgewicht. Das Mehl wog nun genauso viel, wie die Gewichte. Elektronische Waagen geben gleich den Preis einer Ware an.

Waagschalen

elektronische
Waage

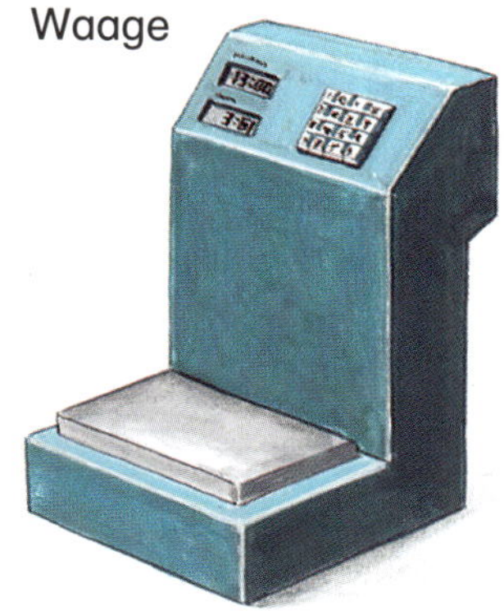

Wal

Der Wal ist das größte Säugetier. Ein Blauwal wiegt so viel wie dreißig Elefanten. Ein so schweres Tier kann nur im Meer leben. Das Wasser trägt es. Würde ein Wal an Land gehen wie ein Seelöwe, dann würde er von seinem eigenen Gewicht erdrückt. Wale atmen nicht durch Kiemen wie die Fische. Sie müssen zum Luftholen immer wieder auftauchen. Wie alle Säugetiere bringen sie lebende Junge zur Welt.

Wale verständigen sich untereinander wie die Delfine durch Klicklaute. Forscher haben die Sprache der Wale und Delfine unter Wasser auf Tonband aufgenommen. Aber man kann bisher nur wenig von dem verstehen, was sich die Wale sagen.

Blauwal

Wald

Der Wald ist die Heimat vieler Tiere. Hier leben zum Beispiel Rehe, Füchse und Wildschweine. Der Buntspecht, der Uhu und der Kuckuck sind Waldvögel. Auch Igel und Spitzmäuse kommen im Wald vor. Kennst du noch andere Waldtiere?

Es gibt ganz unterschiedliche Wälder. In einem Nadelwald wachsen vor allem Tannen und Fichten. In einem Laubwald wachsen Eichen und Buchen. In einem Mischwald gedeihen alle Baumarten. Hier gibt es die meisten Vögel.

Der Wald ist auch für die Menschen wichtig. Er speichert Wasser. Wo man die Bäume abgeholzt hat, kommt es bei starkem Regen häufig zu Überschwemmungen. Im Gebirge donnern an unbewaldeten Hängen die Lawinen zu Tal. Wälder verbessern auch die Luft. Die Bäume nehmen Kohlendioxid auf und geben Sauerstoff ab, den wir zum Atmen brauchen.

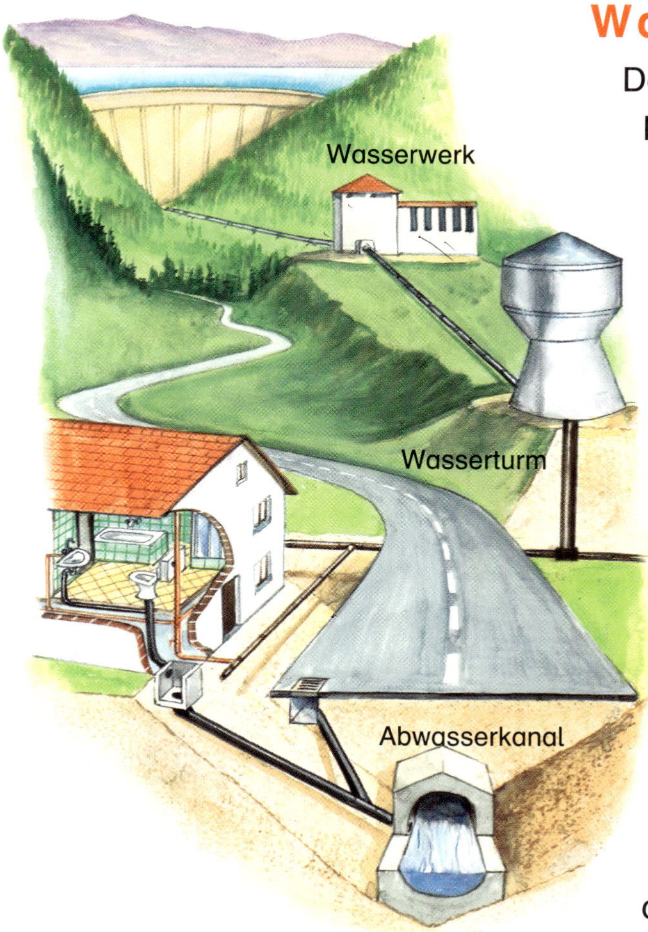

Wasser

Das Wasser ist kostbar. Manche Menschen haben kaum Wasser. Bei dir zu Hause fließt es kalt und warm aus dem Wasserhahn. Es ist Trinkwasser. Wir benutzen es zum Kochen und Waschen. Das Wasser kommt oft aus einem Speichersee. Von dort fließt es in das Wasserwerk, wo es gereinigt wird. Danach pumpt man es in einen Wasserturm. Von hier steigt es durch Druck bis in die Stockwerke der Häuser. Gebrauchtes Wasser fließt in den Abwasserkanal. Man gewinnt Trinkwasser auch aus einem Brunnen oder Fluss.

Weihnachtsfest

Das Weihnachtsfest erinnert an die Geburt Jesu. Die Bibel erzählt, dass Jesus in einem Stall in Bethlehem in einer Krippe zur Welt kam. Zur Erinnerung daran stellen wir an Weihnachten auch eine Krippe auf. Alle Kinder lieben Weihnachten. Lange vorher werden Plätzchen gebacken. An Heiligabend bringt das Christkind viele Geschenke. Im Zimmer steht der Christbaum mit Sternen und bunten Kugeln. Vor der Bescherung werden die Kerzen angezündet. Welches Weihnachtslied singt ihr in deiner Familie bei der Bescherung?

a
b
i
j
k
l
m
n
o
p
q
r
s
t
u
v
W w
x
y
z

Wellensittich

Der Wellensittich ist in Australien zu Hause. Dort fliegen diese Papageienvögel in großen Schwärmen umher wie bei uns die Spatzen. Unsere Wellensittiche sind gezüchtet. Sie verbringen ihr ganzes Leben in einem Käfig. Manche werden so zahm, dass man sie im Zimmer umherfliegen lassen kann. Sie lernen gut sprechen, wenn man mit ihnen übt. Man sollte immer ein Pärchen halten.

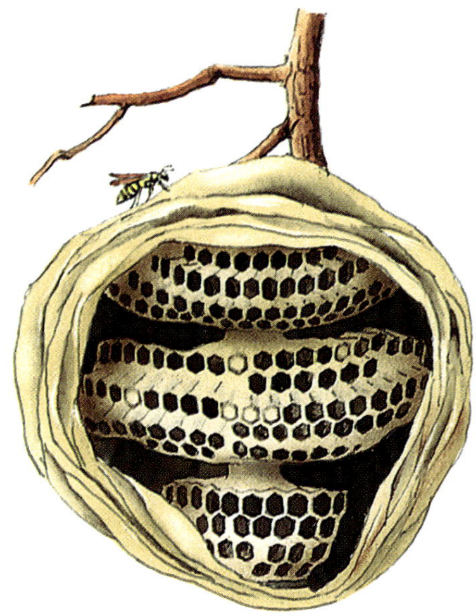

Wespe

Die Wespe erkennst du an ihrem schwarzgelben Hinterleib. Wespen bilden wie Bienen und Ameisen einen Insektenstaat. Ein Wespennest kann so groß sein wie ein Fußball. Die Wespen verwenden zum Bau des Nestes Holzfasern. Sie zerkauen das Holz zu einem papierartigen Stoff. Die Larven der Wespen werden mit Fleisch gefüttert. Dazu jagen Wespen andere Insekten. Selber lecken sie süße Säfte – am liebsten an unserem Pflaumenkuchen.

Wetter

Das Wetter entsteht durch Wärme, Wind und Wasser. Wenn viel Wasser verdunstet, bildet sich Wasserdampf. Die Wolken steigen auf und kühlen sich dabei ab. Dann fängt es zu regnen an. Bei Kälte schneit es. Durch warme Luft kommt Wind auf. Oft gibt es einen Sturm. Wetterstationen messen die Temperatur der Luft, die Stärke und Richtung des Windes und die Regenmenge. Aus den Messungen erstellt man die Wettervorhersage.

Wind

Der Wind ist bewegte Luft. Winde wehen oft so heftig, dass sie Dächer abdecken und Häuser einstürzen lassen. Dann spricht man von einem Sturm oder Orkan. Bei einem Wirbelsturm bildet sich ein Trichter. Durch ihn wird Staub oder Wasser wie von einem Staubsauger angesaugt. Winde haben auch ihr Gutes: Sie treiben Segelboote an oder Windmühlen. Und Windgeneratoren erzeugen elektrischen Strom.

Wolf

Der Wolf ist ein großer Wildhund und ein Raubtier. Unsere Haushunde stammen vom Wolf ab. Früher gab es auch bei uns Wölfe. Man hat sie ausgerottet. In abgelegenen Gebieten der Erde leben noch Wölfe. Acht bis zehn Tiere bilden ein Rudel. Sie werden vom Leitwolf angeführt. Die Wölfe verständigen sich durch ihr Geheul.

Wolle

Die Wolle stammt vom Schaf. Dem Schaf wird das Fell geschoren. Die Haare bilden dicke Flocken und müssen nun gewaschen werden. Dann wird die Wolle gefärbt. Jetzt spinnt man daraus Garn. Aus Garnen webt man Wollstoffe oder knüpft daraus Teppiche. Was ist noch aus Wolle?

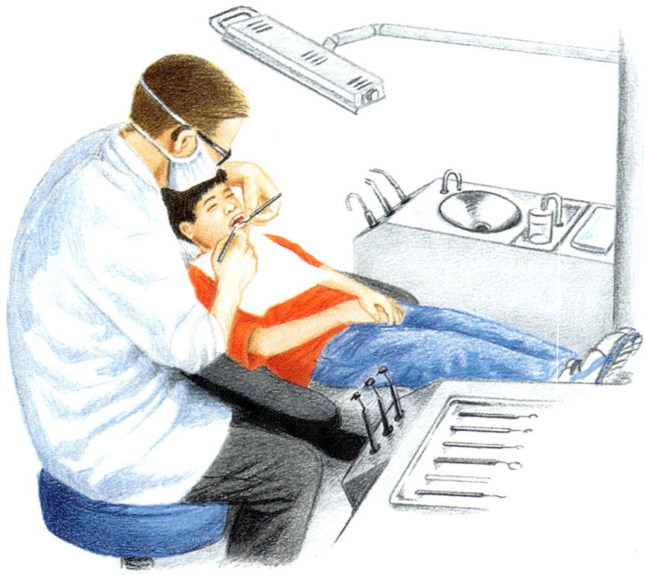

Zahnarzt

Der Zahnarzt untersucht deine Zähne. Wenn du Zahnschmerzen hast, musst du ihn aufsuchen. Viele Leute haben Angst, dass der Zahnarzt in ihren Zähnen bohrt. Aber das macht er nur, wenn ein Loch im Zahn ist. Dann bohrt er es aus und füllt es mit Zahnzement. Wer regelmäßig früh und abends die Zähne putzt und nicht zu viele Süßigkeiten isst, hält sein Gebiss gesund. Das ist besonders wichtig, wenn du schon deine bleibenden Zähne hast. Aber auch ein Loch im Milchgebiss tut weh. Die 20 Milchzähne fallen dir nach und nach aus. Dir wachsen dann 32 neue Zähne.

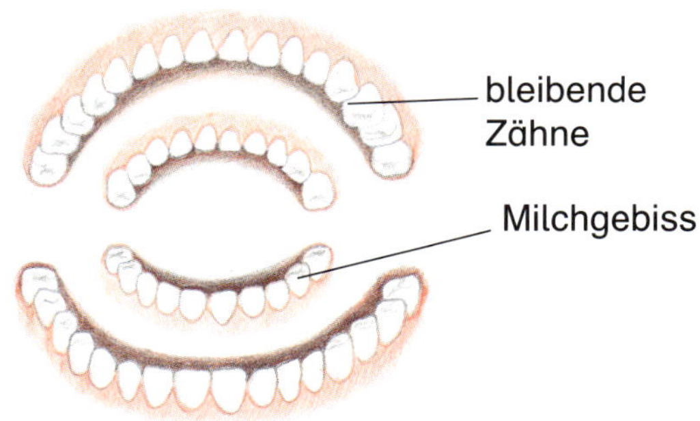

Zauberer

Der Zauberer kennt viele Tricks. Er lässt Gegenstände verschwinden. Oder er zaubert ein Kaninchen aus einem Zylinderhut. Noch spannender wird es, wenn er eine Person in einem Kasten in der Mitte durchsägt. Doch keine Angst, die Person steht plötzlich wieder lebendig auf der Bühne! Natürlich verrät kein Zauberer seine Tricks. Wenn du ein Zauberer werden willst, kannst du dir einen Zauberkasten schenken lassen. Dann heißt es üben, üben, üben!

Zebra

Das Zebra ist ein Wildpferd. Es lebt in Afrika in großen Herden. Zebras nennt man auch Tigerpferde. Du weißt vielleicht, warum! Die schwarzweiß gestreiften Huftiere sind mit unserem Pferd verwandt. Aber sie sind nicht so schnell wie ein gutes Reitpferd. Sie lassen sich auch nicht zähmen und zum Reiten abrichten.

Zeitung

Die Zeitung berichtet täglich über Ereignisse in der Welt. Vieles, was passiert ist, steht am anderen Tag schwarz auf weiß in der Zeitung. Reporter und Journalisten sind ständig in allen Teilen der Welt unterwegs. Sie sammeln Nachrichten und schicken sie als E-Mail oder Fax an die Zeitungsredaktion. Dort werden die Nachrichten von Redakteuren bearbeitet. Dann wird die Zeitung auf großen Maschinen gedruckt. Damit sie jeden Tag pünktlich erscheint, arbeiten viele Menschen zusammen. Der Zeitungsausträger ist der Letzte in der Nachrichtenkette. Er steckt die Zeitung frühmorgens in den Briefkasten. Und wie bekommst du deine Zeitschrift? Kaufst du sie am Zeitungskiosk?

Zirkus

Der Zirkus zieht mit seinen Wagen von Stadt zu Stadt. Auf einem großen Platz schlägt er sein Zelt auf. Bald gibt es die erste Vorstellung. Das Publikum sitzt rund um die Manege und schaut den Artisten und Jongleuren zu. Dompteure führen dressierte Raubkatzen vor. Auch Elefanten treten auf und zeigen Kunststücke. Am lustigsten sind die Clowns und die Zuschauer klatschen begeistert.

CIRCUS SALAMBO
Das Zirkuszelt
Das große Zelt ist in etwa sechs Stunden aufgebaut.
Das Trapez
Artisten zeigen hier waghalsige Luftnummern.
Das Zirkusorchester
Die Musiker spielen zu den Vorführungen.
Die Manege
Hier werden die Zirkusnummern vorgeführt.
CIRCUS
Der Raubtierwagen
Löwen und Tiger sind hier sicher untergebracht.
Die Elefanten
Sie trotten hinter ihrem Dompteur in den Stall.

a
b
c
d
e
f
g
h
i
j
k
l
m
n
o
p
q
r
s
t
u
v
w
x
y
Z z

Zitrone

Die Zitrone ist sauer. Sie zählt wie die Orange zu den Zitrusfrüchten und enthält viel Vitamin C. Deshalb ist sie sehr gesund. Zitronen nimmt man für viele Speisen, zum Fisch, zum Kuchenbacken und natürlich für Zitronenlimonade. Wusstest du, dass Zitronen Beeren sind, die auf Bäumen wachsen? Sie gedeihen in warmen Ländern wie Italien oder Spanien und auch als Zimmerpflanzen.

Zoo

Der Zoo heißt mit vollem Namen zoologischer Garten. Du kannst dort Tiere aus fremden Ländern anschauen – Elefanten und Zebras, Eisbären und Nashörner, Giraffen und Strauße. Vor den Affenkäfigen stehen immer die meisten Besucher. Alle Tiere sind in Gehegen oder Käfigen untergebracht. Raubtiere wie Löwen und Tiger sind durch Gitter und Gräben von den Zuschauern getrennt. Die Tiere im Zoo werden meist sehr alt. Sie haben keine Feinde wie in der Natur. Und wenn sie krank sind, hilft ihnen der Tierarzt.

Zucker

Der Zucker wird aus Pflanzensaft gewonnen. Man nimmt dafür den Saft von Zuckerrohr oder von Zuckerrüben. Der Saft wird in Wasser gekocht, bis Sirup entsteht. Nun wird der Sirup geschleudert und übrig bleiben die Zuckerkristalle. Sie sind noch braun, schmecken aber wie weißer Zucker. Weiß wird der Rohzucker, wenn man ihn mit Dampf reinigt. Eine Zuckerrübe ergibt etwa zwölf Teelöffel Zucker.

Zunge

Die Zunge brauchen wir zum Sprechen und zum Schmecken.

Versuche einmal zu reden, ohne die Zunge zu bewegen! Wir unterscheiden mit der Zunge vier Geschmacksrichtungen. Die Zunge merkt, ob etwas süß oder sauer, salzig oder bitter schmeckt. Dafür gibt es auf der Zunge verschiedene Geschmacksfelder. Süßes schmeckst du vor allem mit der Zungenspitze. Probiere es aus! Alles, was die Zunge schmeckt, melden Nerven an das Gehirn.

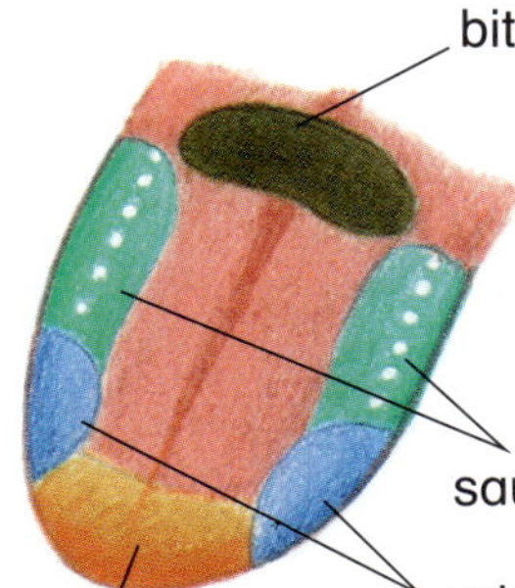

Zwerg

Der Zwerg ist klein. Unter Zwergen wärst du ein Riese, unter Riesen aber ein Zwerg. Echte Zwerge gibt es aber nur im Märchen. Sie helfen den Menschen wie die sieben Zwerge dem Schneewittchen. Manche Zwerge sind auch böse, zum Beispiel der Zwerg in dem Märchen Schneeweißchen und Rosenrot. Einige Zwerge besitzen eine Tarnkappe und können sich damit unsichtbar machen.

a b c d e f g h i j k l m n o p q r s t u v w x y Z z

Hast du es gewusst?

S.27 **Ei**
Fast alle Tiere außer den Säugetieren legen Eier, also auch Reptilien wie Schlangen, Krokodile und Schildkröten, aber auch Fische, Frösche und Insekten. Es gibt sogar Eier legende Säugetiere wie das Schnabeltier.

S. 39 **Fliege**
Es gibt 80 000 Fliegenarten auf der Welt. Mücken sind Stechfliegen, zu denen man oft auch Schnaken sagt. Die Stubenfliege ist also keine Mücke.

S. 39 **Flöte**
Es gibt Holzblasinstrumente und Blechblasinstrumente. Zu den Holzblasinstrumenten gehören die Flöte, die Oboe und die Klarinette, zu den Blechblasinstrumenten Trompete, Posaune und Horn.

S. 43 **Fuchs**
Unser Fuchs heißt Rotfuchs, weil er ein rotbraunes Fell hat. Füchse am Nordpol haben zur Tarnung ein schneeweißes Fell.

S. 45 **Geige**
Die Geige heißt auch Violine. Zum Kontrabass sagt man auch Bassgeige.

S. 58 **Indianer**
Außer den Sioux sind die Apachen, die Kiowa, die Komantschen und die Irokesen bekannte Indianerstämme.

S. 60 **Käfig**
Ein Käfig für Fische ist ein Wasserbecken; man nennt es Aquarium. In einem Terrarium hält man Kriechtiere.

S. 61 **Kakao**
Aus Kakao macht man auch Schokolade. Aus dem Fett, der Kakaobutter, stellt man zum Beispiel Hautcremes her.

S. 67 **König**
In Europa haben Spanien, Belgien, Schweden und Norwegen einen König. England, Holland und Dänemark haben eine Königin.

S. 77 **Maulwurf**
Der Bauer ärgert sich, wenn seine Wiese voller Maulwurfshügel ist, weil er sie dann nur schlecht mähen kann.

S. 86 **Musik**
Die Band spielt Schlagzeug, Saxophon, Trompete, Kontrabass und Elektrogitarre.

S. 98 **Ratte**
Der Rattenfänger von Hameln entführte aus Rache für entgangenen Lohn alle Kinder aus der Stadt.

S. 101 **Riese**
Der Riese Rübezahl ist eine Sagengestalt aus dem Riesengebirge.

S. 117 **Stadt**
Die größte Stadt Deutschlands ist Berlin. Sie hat über drei Millionen Einwohner. Berlin ist auch die deutsche Hauptstadt.

S. 129 **Sanduhr**
In einer Sanduhr läuft feiner Sand in einer bestimmten Zeit von einem Glas in das andere. Man benutzt sie zum Eierkochen. Früher hatte man große Sanduhren. Es dauerte eine Stunde, bis der Sand durchgelaufen war. Man nannte sie auch Stundengläser.

S. 131 **Verkehrszeichen**
Hier hilft dir ein Schülerlotse sicher über die Straße.

An dieser Stelle kannst du die Straße sicher überqueren.

In diese Straße darfst du auch mit dem Fahrrad nicht hineinfahren. Hier kommt dir der Verkehr entgegen.

An diesem Schild musst du immer anhalten. Steige vom Rad ab und schaue erst nach links, dann nach rechts, ob die Straße frei ist.

Alle Fahrzeuge auf einer Straße mit diesem Schild dürfen ungehindert fahren. Sie haben immer Vorfahrt.

Dieses Zeichen steht vor einer Hauptverkehrsstraße. Du musst anhalten und nach links und rechts schauen.

Das ist ein Radweg. Wenn du mit dem Fahrrad unterwegs bist, solltest du immer den Radweg benutzen. Ein Radweg ist aber keine Spielstraße.